제약바이오 산업 이해와
투자 대상 기업까지 찾아내는

제약바이오
처음공부

제약바이오 처음공부

강수연 지음

제약바이오 산업 이해와 투자 대상 기업까지 찾아내는

이레미디어

현명한 제약바이오 투자를 위하여

　제약바이오 산업은 급속히 성장하고 있는 분야로, 신약 후보물질 발굴부터 임상시험, 규제기관의 허가, 상업화에 이르기까지 복잡한 과정이 얽혀 있습니다. 많은 투자자가 높은 제약바이오 산업의 성장 잠재력에 관심을 보이고 있습니다. 그러나 산업의 특성상 첨단 생명과학과 접목되는 부분이 있어 이해하기 어렵고 불확실성을 관리하기가 까다로워 제약바이오투자에 접근하기가 결코 쉽지 않습니다.

　워런 버핏의 명언처럼, '어떤 기업의 주식을 살 때 가장 먼저 생각하는 건 그 기업을 이해할 수 있는가'입니다. 투자를 하기 위해서는 투자하려는 기업이 다루는 제품과 산업 구조를 이해하는 것이 필수입니다. 반도체 지식이 부족한 사람이 반도체 기업에 투자하려면 반도체란 무엇인지, 시장 규모와 산업 구조는 어떻게 되는지, 비즈니스는 어떻게 돌아가는지 등을 반드시 공부해야 합니다. 제약바이오 역시 마찬가지입니다. 특히 아직 수익을 내지 못하는 바이오테크의 가치 분석에는 PER(주가수익비율), ROE(자기자본이익률) 같은 일반적인 가치분석 도구를 적용하기 어려우므로 제품과 산업에 대한 공부가 더더욱 필요합니다.

제약바이오 기술과 의약품은 복잡한 과학적 원리에 기반을 두고 있습니다. 그렇다고 개인투자자들이 모든 과학적 세부 사항을 깊이 이해해야 하는 건 아닙니다. 제약바이오 기업의 가치는 질병의 예방과 치료에 효과적인 의약품이나 기술을 개발·판매하는 데 있고, 의약품의 가치는 질병의 예방과 치료에 얼마나 기여하는가에 달려 있기 때문입니다. 이는 의료 수요와 경쟁 환경, 약물의 안전성과 유효성을 입증하는 임상시험 데이터를 통해 평가할 수 있습니다.

신약 개발 과정의 고유한 불확실성은 부인할 수 없지만, 불확실성을 관리할 수 없는 위험으로 간주하는 것은 섣부르다고 생각합니다. 모든 투자에는 위험이 따릅니다. 하지만 제약바이오 산업의 역동적인 원리와 신약 개발의 구조화된 프로세스를 이해한다면, 투자자는 정보에 입각해 신중하게 투자 결정을 내릴 수 있습니다. 투자자는 단단한 투자 원칙을 확립하고 무모한 결정을 피함으로써 나날이 성장하고 있는 제약바이오 분야에서 잠재력과 기회를 찾을 수 있을 것입니다.

이 책은 장기적인 안목으로 제약바이오투자 공부를 시작하려는 분들을 위해 기획되었습니다. 저는 다년간 제약바이오 업계에 종사하며 제약바이오 산업과 기업의 역동성, 잠재력, 복잡성을 직접 목격했습니다. 신약 허가 전략을 수립하고 실행했던 저의 경험과 지식을 바탕으로 제약바이오에 관심이 있는 투자자라면 꼭 알아두어야 할 요소를 체계적으로 정리했습니다. 또한 제약바이오 분야의 고유 리스크와 성장 잠재력을 평가하기 위한 핵심 포인트도 담았습니다. 여러분이 일간에 떠도는 과장된 기대나 실망에 흔들리지 않고 현명하게 투자 결정을 내리는 데 도움이 되었으면 합니다.

제약바이오 산업의 역동성과 투자 기회를 보다 폭넓게 포괄하기 위해 미국 주식시장, 미국 규제 환경 위주로 집필했습니다. 미국은 세계에서 가장 큰 의약품 시장으로, 2023년 기준 전 세계 의약품 매출의 45%를 차지하고 있습니다.[1] 이는 미국이 제약바이오 기업의 매출 및 성장에 유리한 환경임을 보여줍니다. 미국 주식시장의 제약바이오 섹터는 대규모 시장 외에도 확고한 글로벌 입지, 풍부한 재정 자원, 탄탄한 연구개발R&D 역량, 선도적인 규제 환경, 활발한 인수합병M&A 등 투자 대상으로서 뚜렷한 장점을 가지고 있습니다. 산업의 기본 원리나 투자 원칙은 우리나라와 다르지 않다고 생각합니다.

의약품은 의사의 처방 없이 구매할 수 있는 일반 의약품과 의사의 처방에 따라 구입할 수 있는 전문 의약품으로 분류할 수 있습니다. 이 책에서 언급하는 의약품은 전문 의약품에 초점을 두고 있음을 미리 말씀드립니다. 또한 이 책에 소개한 특정 기업의 사례는 맥락에 해당하는 하나의 예시일 뿐, 종목을 추천하는 것이 아님을 밝힙니다.

이 책이 많은 투자자가 제약바이오 산업을 깊이 이해하고 쏟아지는 정보들의 행간을 파악해 자신만의 투자 전략을 세우는 데 도움이 되길 바랍니다.

강수연

주식을 장기 투자하라는 말을 많이 합니다. 그런데 어디에 장기 투자해야 할까요? 바로 매출이 성장할 기업입니다. 전 세계는 고령화라는 거스를 수 없는 트렌드에 노출되어 있습니다. 암, 노화, 치매, 당뇨 등 고령화로 인한 치료제 수요는 끝없이 증가할 수밖에 없습니다. 그러므로 제약바이오는 어떤 산업보다 고성장을 지속할 가능성이 높습니다. 물론 투자는 정말 어렵습니다. 제약바이오는 더 어렵습니다. 임상용어부터 외국어 같아 지레 공부를 포기하는 경우가 많습니다. 하지만 이 책을 통해 제약바이오 산업에 입문하기를 바랍니다. 바이오 투자의 교과서와 같으며 특히 책 사이사이 들어간 '바이오 투자 하드캐리' 코너는 저자가 여러분을 제약바이오라는 세상으로 쉽고 친절하게 안내할 것입니다.

- LS증권 리테일사업부 이사, 염승환

단언컨대, 제약바이오 기업에 대해서 알아야 할 필수 지식 중 이 책에서 다루지 않은 내용이 있다면 무시하길 바랍니다! 주가의 변동성이 높은 기업을 매매하기 전에 반드시 읽어야 할 필독서입니다. 제약바이오 종사자, 애널리스트, 투자자에게 모두 권합니다.

-《돌파매매 전략》 저자, 김대현

바이오 제약 분야는 높은 수익률과 성장성만큼 리스크도 높아 많은 투자자가 어려움을 겪는 매력과 위험이 공존하는 섹터라고 할 수 있습니다. 그뿐만 아니라 의, 약학 분야에 대한 전문 지식 또한 필수이므로 진입 장벽 또한 상당한 업종이기도 합니다. 제약바이오 투자에 성공하기 위해 무엇보다 중요한 것은 이 섹터에 대한 탄탄한 배경지식과 흐름을 읽어내는 능력입니다. 이 책은 이런 목적을 달성하기 위해 완벽한 입문서입니다.

- 《주식투자 ETF로 시작하라》 저자, systrader79

제약바이오 산업의 복잡한 이면을 내부자의 시선으로 현실감 있게 짚어낸 책입니다. 신약 개발, 임상, 허가, 기술수출까지, 이 업계를 오래 경험하지 않았다면 결코 쉽게 설명할 수 없는 내용들입니다. 투자자들에게 꼭 필요한 산업 구조 특성을 정확하게 전달하는 점이 인상 깊었습니다.

이 책은 지나친 낙관도 비관도 없이, 실제 산업에서 어떤 요소가 리스크이고 기회인지를 보여줍니다. 진지하게 제약바이오를 바라보는 모든 투자자에게 업계 종사자로서 이 책을 자신 있게 추천합니다.

- Kyowa Kirin APAC Cluster 전무, 위정미

제약바이오 산업은 과학, 규제, 시장이 인류와 사회의 건강 문제에 직접적으로 영향을 미치는 독특한 산업 분야입니다. 여타 산업과는 다른 특성으로 기초 지식 없이 접근하기에는 다소 어려움이 있습니다. 이 책은 제약바이오 산업의 특성을 설명하며, 관련 지식이 없이도 핵심 개념을 쉽게 이해할 수 있도록 도와줍니다. 제약바이오 산업에 새롭게 관심을 두는 사람에게 좋은 시작점이 될 것입니다.

- The University of Sheffield, School of Medicine and Population Health 연구원, 권순홍

차례

PART 1 제약바이오 기초 다지기

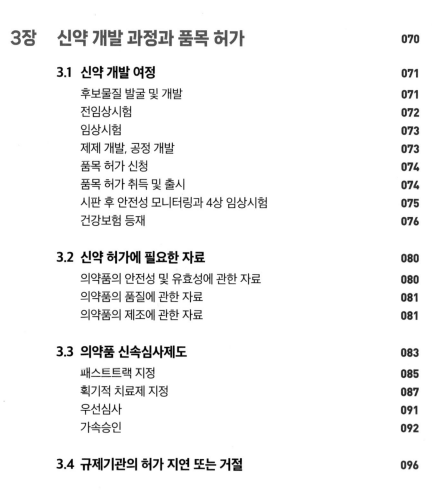

PART

2 신약개발부터 임상시험까지

PART 3 제약바이오 투자 실전

PART 4 제약바이오 투자에 유용한 필수 부록

PART 1   BIOPHARMACEUTICAL

제약바이오
기초 다지기

1 제약바이오 투자 ABC

BIOPHARMACEUTICAL

'반도체나 빅테크 한두 종목에 올인해도 좋지 않을까? 굳이 제약바이오 주식을 고려해야 할까?'라고 생각하는 투자자가 많다.

특정 반도체나 빅테크 종목에 집중 투자하는 것이 매력적으로 보일 수 있지만, 이렇게 접근하면 시장 변동성에 대한 높은 리스크를 감수해야 한다. 주식시장은 다양한 요인에 따라 급변할 수 있으며, 특정 산업에 지나치게 의존할 경우 예기치 않은 기술 변화, 규제 이슈, 경기 사이클의 영향을 크게 받을 수 있다. 포트폴리오 관리의 핵심은 다양한 업종과 자산군에 분산 투자해 리스크를 줄이고, 장기적으로 안정적인 수익을 추구하는 것이다. 그래야만 개별 종목의 성과에 의존하지 않고, 보다 균형 잡힌 투자 전략을 통해 시장 변동성에 대비할 수 있다.

1.1 제약바이오 주식을 고려해야 하는 이유

포트폴리오를 다각화하려는 개인투자자에게 제약바이오 주식은 이점을 제공한다. 제약바이오 주식을 간과해서는 안 되는 이유는 세 가지로, 성장 잠재력, 의약품 수요 증가, 경제 순환에 대한 탄력성이 바로 그것이다.

① 성장 잠재력

글로벌 제약시장 규모는 최근 몇 년간 강한 성장세를 보여왔다. 더비즈니스리서치컴퍼니The Business Research Company의 자료[2]에 따르면, 글로벌 제약시장 규모는 2024년 1조 7,470억 7,000만 달러에서 2025년 1조 8,647억 3,000만 달러로 증가할 것으로 예상된다. 향후 몇 년간 강한 성장세가 지속될 것으로

[그림 1-1] 글로벌 제약시장 규모 전망(단위: 10만 달러)

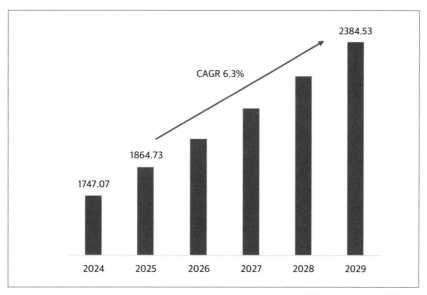

출처: 더비즈니스리서치컴퍼니

예상되며, 2029년에는 2조 3,845억 3,000만 달러에 이를 것으로 전망된다. 이 기간 동안의 CAGR(연평균 성장률)는 6.3%에 달한다.

제약바이오 산업은 과학, 생명공학, 유전체학을 기반으로 지속적인 혁신을 통해 발전하고 있다. 면역치료, 유전자치료, 맞춤의학 등 새로운 치료법은 그동안 해결하지 못했던 질병의 치료나 예방을 가능하게 하거나 의약품의 효과를 개선함으로써 엄청난 성장 잠재력을 열어가고 있다. 환자가 필요로 하는 새롭고 효과적인 치료법을 개발한 기업은 많은 수익을 얻는다. 산업통상자원부 산업통계분석시스템의 '산업별 부가가치율' 통계에 따르면, 의약산업의 부가가치율은 63.6%로, 조선(27.8%), 철강(25.3%), 석유화학(25.2%) 등 기존 제조업보다 훨씬 높다.[3]

한편 생명과학 기술의 발달 및 그로 인한 막대한 자금 수요로 제약바이오 산업의 진입장벽 또한 높아지고 있다. 화학 합성 의약품의 제네릭(복제약, 카피약)만 만들어 판매해도 제약 기업이 번성한 시절이 있었다. 그러나 제네릭 시장에 지금 새로 진입한다면 과거와 같은 성공을 얻기는 어려울 것이다. 유전자 재조합 의약품뿐 아니라 세포 치료제, 유전자 치료제, 맞춤의학 등이 현실화되고 있고, 이러한 첨단 과학기술을 이용한 의약품 개발에 막대한 자금이 투입되고 있어 발을 들여놓기가 더더욱 어려워졌다. 인공지능AI이 신약 개발에 도입되어 제약바이오 산업의 발전 가능성은 더욱 무궁무진해지고 있다.

지속적인 수요 증가와 기술적·재정적 진입장벽 강화로 제약바이오 기업들은 더 많은 돈을 벌어들이고 주가도 꾸준히 우상향할 것으로 예상된다.

② 의약품 수요 증가

전 세계적으로 인구가 노령화되면서 의료 서비스 및 의약품에 대한 수요가 증가하고 있다. 특히 당뇨병, 심혈관 질환, 암, 신경퇴행성 질환 같은 만성 질환 관리를 위한 수요가 계속해서 증가하고 있다. 또한 진단기술의 발달로 많은 질병을 보다 초기에 발견하고 진단할 수 있게 되면서 치료제에 대한 수요가 더욱 증가하고 있다. 뿐만 아니라 개발도상국 신흥시장에서 의료 접근성이 향상되고 소득이 증가해 의약품 소비량이 증가하고 있다. 이러한 인구통계학적 변화 및 진단기술 발전은 의약품 수요 증가의 기반이 된다.

③ 경제 순환에 대한 탄력성

사람들은 경제 상황과 상관없이 만성 질환, 암 및 기타 건강 상태에 대한 약물 치료가 필요하다. 제약바이오 산업은 경기침체기에도 수요가 꾸준하게 유지되므로, 시장 불확실성이 높을 때 제약바이오 주식은 효과적인 방어책이 될 수 있다. 따라서 투자 포트폴리오가 기술이나 에너지 등 변동성이 큰 부문에 치중되어 있다면, 제약바이오 주식을 추가하거나 일부 전환함으로써 보다 안전하고 안정적인 포트폴리오 관리가 가능하다.

우리가 제약바이오 주식을 고려해야 하는 이유는 성장 잠재력과 의약품 수요 증가, 경제 순환에 대한 탄력성 때문이다.

1.2 ETF에 투자하더라도
산업과 종목을 보는 안목은 필요하다

'ETF에 투자하면 되지 굳이 제약바이오까지 공부해야 할까?'라고 생각하는 투자자도 있을 것이다.

패시브 ETF 투자는 개별 종목의 리스크를 효과적으로 분산시켜 특정 기업의 실패나 부진으로 인한 손실을 줄일 수 있다는 장점이 있다. 그러나 이러한 전략은 개별 종목의 성장 가능성을 희석시킨다는 한계도 있다. 패시브 ETF는 획기적인 성과를 거둔 개별 기업의 빠른 성장 잠재력을 놓칠 수 있다.

제약바이오 섹터에 속한 각각의 기업은 개발하고 있는 신약의 개발 단계와 대상 질환, 기업의 규모와 특성이 달라 다른 섹터에 비해 종목 간 상관관계가 낮은 편이다. 이는 패시브 ETF가 거시경제 상황, 금리 변동에 따른 섹터 흐름은 반영할 수 있을지는 몰라도 제약바이오 섹터 내에서 종목별 성과를 고르게 반영하기 어렵다는 것을 의미한다. 예를 들어 특정 기업이 혁신적인 신약을 개발해 임상시험에서 긍정적인 결과를 얻는다 해도 [그림 1-2]와 같이 패시브 ETF의 투자 성과에는 제한적인 영향만 미칠 수 있다. 따라서 제약바이오 분야에서는 개별 종목을 선별해 투자하는 전략을 취해야 더 높은 성과를 기대할 수 있다.

- 버텍스 파마슈티컬스Vertex Pharmaceuticals Inc., VRTX 10년 수익률: 484.34%
- 애브비AbbVie Inc., ABBV 10년 수익률: 218.69%
- SPDR S&P Biotech ETFXBI 10년 수익률: 71.70%
- VanEck Pharmaceutical ETFPPH 10년 수익률: 55.35%

[그림 1-2] 최근 10년간 VRTX, ABBV, XBI, PPH의 주봉 차트(2024년 10월 25일 기준)

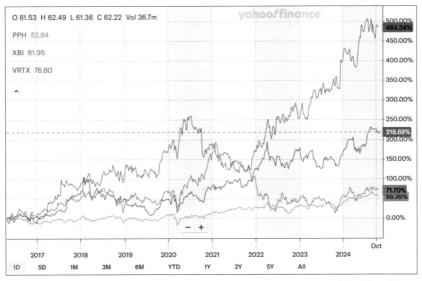

출처: Yahoo Finance

[그림 1-2]를 보면 패시브 ETF만으로는 제약바이오투자 수익이 제한적이라는 사실을 알 수 있다.

산업 원리와 개별 종목에 대한 깊은 이해와 분석 능력은 액티브 ETF를 선택할 때도 중요한 역할을 한다. 액티브 ETF는 전문 운용사가 종목을 선별해 편입하기 때문에 더 큰 수익을 추구하지만, 개인투자자가 이러한 종목 선정 과정을 이해하고 있지 않으면 기대에 미치지 못하는 성과를 얻을 수 있다.

따라서 제약바이오 분야에서 성공적으로 투자하기 위해서는 반드시 신약 개발 단계, 대상 질환, 시장성 등을 분석해 성장 가능성이 높은 종목을 발굴하는 능력을 길러야 한다. 이러한 능력은 개별 종목의 리스크를 관리하면서도 높은 성장 잠재력을 활용할 수 있는 전략적 우위를 제공한다.

1.3 제약바이오 산업의 독특한 특성

제약바이오 산업은 다른 산업에서는 찾아보기 힘든 독특한 특성을 가지고 있다. 정부가 제품 가격을 통제할 수 있다는 점, 제품을 판매하기 전에 정부의 승인을 받아야 한다는 점, 합법적인 시장 독점이 가능하다는 점, 신제품 개발에 10년 가까운 시간과 막대한 자금이 필요하다는 점이 바로 그것이다.

① 정부의 가격 규제

의사의 처방에 따라 사용되는 전문 의약품은 최종 소비자인 환자가 가격 책정에 미치는 영향력이 상당히 제한적이다. **의약품 가격(약가)은 수요와 공급만으로 결정되지 않고, 주로 정부의 정책과 건강보험 기관에 의해 규제된다.** 보험약가를 부담하는 지불자는 국가별 보건의료 체계에 따라 다르다. 우리나라에서는 국민건강의료보험공단이, 미국에서는 메디케어나 민간 보험사가 보험 보장 범위 내에서 정해진 비율만큼 약가를 부담한다.

보험약가는 제약회사와 지불자 간의 협상에 의해 결정되며, 너무 비싸다고 판단되는 의약품은 지불자가 보험을 보장하지 않을 수 있다. 즉 보험약가

의료보장제도란?

정부는 의료보장 제도를 통해 국민이 사용하는 의약품의 비용을 지원한다. 세계 각국의 의료보장 제도는 크게 세 가지 유형으로 분류된다. 이들 제도는 보장 범위, 재원 조달 방식, 의료 접근성 측면에서 뚜렷한 차이를 보이며, 각국의 역사적·사회적·제도적 배경이 반영된 결과물이다.

첫째, 조세 기반의 국가보건서비스형(영국, 캐나다 등)은 국가가 의료 서비스를 직접 제공하거나 강하게 규제하는 방식이다. 이 모델은 일반 조세로 재원을 조달하며, 국민은 대부분의 의료서비스를 무상 또는 저렴한 비용으로 이용할 수 있다. 의료기관과 의료 인력의 상당수가 공공 소속이며, 일차의료 의사가 관문 역할을 수행해 전문의 진료로의 진입이 제한적일 수 있다.

둘째, 사회보험 방식의 국민건강보험형(한국, 독일, 일본 등)은 가입자가 내는 보험료를 주요 재원으로 하며, 공공 보험자가 민간 의료기관을 통해 의료서비스를 제공한다. 환자가 병원과 의사를 자유롭게 선택할 수 있고 민간의료 중심의 높은 의료 접근성을 특징으로 한다.

셋째, 민간보험 중심의 시장형(미국)은 의료보장을 국가가 아닌 민간에 크게 의존하는 구조다. 개인이 선택한 보험 종류에 따라 보장 범위와 본인부담금이 크게 달라지며, 보험에 가입하지 않은 사람은 의료 접근에 큰 제약을 받는다. 미국에는 이를 보완하기 위해 노인과 장애인을 위한 메디케어Medicare, 저소득층을 위한 메디케이드 Medicaid 등 제한적인 공공 프로그램이 존재한다.

이 책에서는 의약품 비용에 대한 각국의 공공재정 지원 제도를 한국 독자에게 가장 익숙한 용어인 '건강보험 등재'로 통일해 표현하고자 한다. 나라마다 급여 등재 절차와 의미가 다를 수 있음을 고려하여 읽어주기를 바란다.

와 보험 보장 범위는 지불자가 정한 정책의 영향을 크게 받는다. 보험기관이나 보험사가 보험약가를 너무 낮게 설정하거나 보험 보장을 거부한다면 의약품 사용량 증가가 제한적일 수 있고, 이에 제약바이오 기업의 재무 성과에 좋지 않은 영향을 미칠 수 있다. 따라서 **제약바이오투자 시 약가 보장과 관련된 주요 국가의 정책 동향에 관심을 가질 필요가 있다.**

② 엄격한 규제 환경

각국의 보건당국에는 우리나라의 식품의약품안전처, 미국의 FDA, 유럽의 EMA 같은 의약품 규제기관이 있다. 이들 규제기관은 국민이 의약품을 사용하기에 앞서 개별 의약품의 안전성과 유효성을 검토하고, 적합하다고 판단되는 의약품에 대해서만 시판 허가를 부여하는 책임을 가지고 있다.

그러므로 **과학적·규제적 기준을 충족하지 못하는 의약품은 판매될 수 없다. 제약바이오 기업은 의약품 개발 과정 전반에 걸쳐 세부적인 정부 규정을 준수해야 한다.** 어디에서 어떻게 제조된 원료를 사용해 어떤 방법으로 의약품을 만드는지 모든 정보가 허가 신청서에 투명하게 명시되기 때문에 완제품의 속성과 규격이 애초에 명확하다.

또한 의약품을 출시한 후에도 규제 요건에 따라 지속적인 품질 관리 및 안전성 모니터링을 해야 한다. 출시 후에 원료나 완제품의 제조 방법이나 규격을 변경할 때도 일부 사소한 변경 외에는 대부분 규제기관의 검토 및 승인이 필요하다.

이와 같이 신약 개발, 허가, 허가 후 관리 과정은 엄격한 규제 속에서 이루어지므로, 개별 기업이 마음대로 비용 절감과 효율을 추진하기 어려운 부분이 있다. 또한 신약 허가가 지연 또는 거절되거나, 시판 중 행정 조치 같은 규

의약품 규제기관 (health authorities)이란?

주요 국가에서 의약품 품목 허가 신청서를 검토하고 승인하는 의약품 규제기관 명칭은 다음과 같다.

- **한국**: 식품의약품안전처(식약처)
- **미국**: 식품의약품청Food and Drug Administration, FDA
- **유럽**: 유럽의약품청European Medicines Agency, EMA
- **영국**: 의약품규제청Medicines and Healthcare products Regulatory Agency, MHRA
- **스위스**: 스위스의약품청Swiss Agency for Therapeutic Products, Swissmedic
- **일본**: 의약품의료기기종합기구Pharmaceuticals and Medical Devices Agency, PMDA
- **중국**: 국무원식품약품감독관리총국China Food and Drug Administration, CFDA

각국의 규제기관은 의약품 허가 및 관리 규제를 일관성 있게 적용하고자 국제의약품규제조화위원회ICH를 통해 조화된 기준을 만들어가기 위해 노력하고 있다. 우리나라의 식약처도 2016년에 ICH 정회원으로 승격했다.

그럼에도 불구하고 규제의 구조 및 세부 사항은 국가별로 조금씩 다를 수밖에 없다. 국가별로 규제가 상이해 발생하는 복잡성은 제약바이오 기업의 제품 개발 일정, 시장 접근성, 규정 준수에 필요한 비용에 영향을 미친다. 규제 정책과 지침의 변화는 투자자의 심리와 시장 역학, 주가에 큰 영향을 미칠 수 있다.

가장 영향력 있는 의약품 규제기관은 미국의 FDA다. FDA에 따르면, 2021~2023년 FDA 허가 신약 142개 중 98개(69%)가 미국에서 최초로 허가를 받았다.[4] 세계 최대 의약품 시장인 미국에 진입하기 위한 관문이자 선진 규제기관으로서 FDA의 위상을 엿볼 수 있다.

제기관의 의사결정이 주가에 영향을 미칠 수 있다. 따라서 **투자자는 의약품 개발, 허가, 허가 후 관리에 관한 정부 규제의 동향을 파악하고, 이를 준수해야 하는 기업에 시간과 비용이 필요하다는 사실을 이해해야 한다.**

③ 시장 독점

많은 산업에서 자유시장 경쟁을 위반하는 독점 관행이 규제되지만, 제약 바이오 산업에서는 합법적인 시장 독점이 가능하다. **신약에 대해서는 품목 허가 후 일정 기간 동안 원개발사의 독점 판매권이 인정된다.** 의약품이 특허와 연계되는 경우 시장 독점 기간은 해당 특허의 존속 기간과 일치하는 경우가 많다. 이러한 독점성은 원개발사에 상당한 경쟁 우위를 제공하고 회사의 수익성에 기여한다. 그러나 시장 독점 기간이 종료되면 경쟁업체들이 신약과 동등·유사한 의약품을 제조해 판매할 수 있다. 이로 인해 원개발사의 매출은 감소하고 후속 개발사의 성과는 개선될 수 있다. 따라서 **투자자는 기업을 분석할 때 주요 품목의 시장 독점 기간 만료일을 파악하고 그 영향을 고려해야 한다.**

④ 신약 개발의 긴 일정과 높은 비용

신약 개발에는 상당한 자본과 시간이 소요된다. **후보물질의 초기 발견부터 의약품 허가까지 약 8~10년이 소요되며, 잠재적인 실패로 인한 기회비용까지 고려한다면 성공적인 신약 개발에 필요한 총투자액은 평균 15억 달러에 달한다.** 의약품 개발은 상당한 초기 투자가 필요할 뿐만 아니라 개발 주기 전반에 걸쳐 주요 단계에 지속적인 자금 조달이 필요하다. 더욱이 규제에 따라 전임상시험, 1상, 2상, 3상 임상시험과 같이 구조화된 절차를 따라야 하기 때문에 비용 절감에 한계가 있다. **제약바이오투자는 장기적인 관점과 인내가 필요한 분야임을 이해하자.**

신약 개발을 위한 R&D 비용은 어느 정도일까?

2009년부터 2018년까지 미국 FDA가 승인한 신약 355개 중 연구개발 비용을 식별할 수 있는 47개사 63개 제품을 분석한 연구[5] 결과, 임상시험 실패 비용을 포함한 신약 연구개발 비용 중앙값은 11억 4,170만 달러(95% 신뢰구간 8억 8,810만~14억 4,808만 달러), 평균값은 15억 5,910만 달러(95% 신뢰구간 12억 7,100만~18억 9,380만 달러)로 추정되었다. 치료분야별로 분류하면 항암제의 연구개발 비용이 가장 높았다. 중앙값은 27억 7,160만 달러(95% 신뢰구간 20억 5,180만~53억 5,520만 달러), 평균값은 44억 6,120만 달러(95% 신뢰구간 31억 1,400만~60억 13만 달러)였다.

[그림 1-3] 신약 개발 단계별 연구개발비 비중

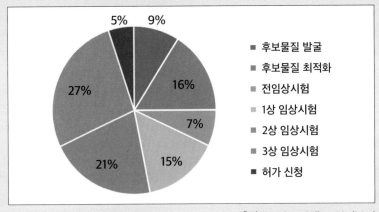

출처: Davidson College Medicinal

신약 개발에는 광범위한 기초 연구, 수백만 개의 화합물 스크리닝, 생물학적 작용기전 이해, 전임상 연구(동물실험), 1상, 2상, 3상 임상시험 수행이 포함되며, 고도로 숙련된 과학자와 의료 전문가, 첨단 기술, 첨단 실험실이 필요하다. 임상시험 단계에 진입했다 하더라도 후보물질의 약 90%는 결국 신약으로 탄생하지 못하는데, 실패한 프로젝트에 투입되었던 비용은 전체 연구개발 비용에 흡수된다. 이는 성공적인 신약 개발을 위한 연구개발 비용을 증가시키고, 시판 의약품의 가격에 영향을 미친다.

 **투자자 노트**

- 의약품의 가격은 정부의 통제를 받으므로 제약바이오투자 시 약가 보장과 관련된 주요 국가의 정책 동향에 관심을 가질 필요가 있다.
- 의약품의 전 주기(라이프사이클)는 엄격한 규제하에서 진행된다. 투자자는 의약품 개발, 허가, 허가 후 관리에 관한 정부 규제의 동향을 파악하고, 이를 준수해야 하는 기업에 시간과 비용이 필요하다는 사실을 이해해야 한다.
- 기업의 수익성에 크게 기여하는 합법적인 시장 독점이 한시적으로 가능하므로, 투자자는 기업을 분석할 때 주요 품목의 시장 독점 기간 만료일을 파악하고 그 영향을 고려해야 한다.
- 신약 개발에는 막대한 연구개발비와 8년 이상의 시간이 필요하다. 제약바이오투자는 장기적인 관점과 인내가 필요한 분야임을 이해해야 한다.

1.4 핵심 용어 짚고 가기

제약바이오 관련 뉴스를 접할 때 생소한 용어를 만날 수 있다. 지금부터 투자자가 알아두어야 할 주요 용어를 알아보자.

① 브랜드명과 주성분명

의약품은 주성분과 첨가제로 구성되는데, 주된 약리 효과를 내는 물질을 '주성분'이라고 한다. 두통약 타이레놀의 경우 브랜드명은 '타이레놀'이고, 주성분명은 '아세트아미노펜'이다.

② 화학 의약품

주성분이 화학적으로 합성된 작은 분자로 이루어진 의약품을 화학 의약품, 합성 의약품, 저분자small molecule 의약품이라고 한다. 화학 의약품은 주성분의 분자 구조가 명확하게 규명되어 있고, 주로 화학 공정을 통해 정밀하게 만들어진다. 많은 전통적인 약이 이에 속한다. 주사제, 경구제, 흡입제, 패치제, 연고 등 다양한 제형으로 개발될 수 있다. 일례로 항암제로 사용되는 오시머티닙의 분자식은 $C_{28}H_{33}N_7O_2$로, 한 분자가 탄소 28개, 수소 33개, 질소 7개, 산소 2개로 이루어져 있다.[6]

③ 바이오 의약품

주성분이 살아 있는 생물체나 세포에서 얻어지는 큰 분자, 주로 단백질로 이루어진 의약품을 바이오 의약품, 고분자large molecule 의약품이라고 한다. 백신, 혈액제제, 유전자 재조합 의약품 등이 이에 해당된다. 제조 방법과 조건의 차이에 의해 단백질의 3차원 구조가 영향을 받고 그로 인해 약리 작용이 달라질 수 있으므로, 제조 공정이 더욱 까다롭고 복잡하다. 세포 배양, 정제 공정, 품질 시험 및 관리, 냉장 유통 및 보관 등 생산에 필요한 복잡한 공정이 많아 화학 의약품에 비해 개발 및 생산 비용이 높은 편이다. 바이오 의약품은 분자가 큰 단백질의 특성상 피부, 장벽 등 인체 장벽을 통과하기 어렵고, 경구 투여 시 위에서 소화되기 때문에 대부분 주사제다. 일례로 항암제로 사용되는 아테졸리주맙은 유전자 재조합 의약품으로, 분자식은 $C_{6446}H_{9902}N_{1706}O_{1998}S_{42}$다.[7] 한 분자가 탄소 6,446개, 수소 9,902개, 질소 1,706개, 산소 1,998개, 황 42개로 이루어져 있다. 앞서 소개한 화학 의약품에 비해 분자가 무겁고 거대하다는 것을 알 수 있다.

④ 오리지널 의약품

소위 말하는 '신약'이다. 어떤 물질이 의약품으로 처음 개발되어 허가받은 제품이다. 특정 질병 치료나 예방에 안전하고 효과적인지 확인하기 위해 오랜 연구, 시험, 승인 과정을 거쳐 탄생한다.

⑤ 제네릭 의약품

오리지널 화학 의약품의 시장 독점 기간이 만료된 후 다른 업체가 판매하는, 오리지널 의약품과 생물학적으로 '동등'하도록 개발된 화학 의약품을 '제네릭 의약품'이라고 한다. 카피약, 복제약이라고도 부른다.

[표 1-1] 국내 허가된 레날리도마이드의 오리지널과 제네릭

국내 허가일	제품명
2009-12-28	레블리미드캡슐10mg(레날리도마이드)
2017-07-20	레날로마캡슐10mg(레날리도마이드)
2017-08-31	레날도캡슐10mg(레날리도마이드)
2018-12-20	레블리킨캡슐10mg(레날리도마이드)

[표 1-1]을 보면 주성분명은 레날리도마이드이고, 브랜드명은 각각 레블

리미드, 레날로마, 레날도, 레블리킨이다. 오리지널인 레블리미드의 시장 독점 기간이 종료된 이후 세 종류의 제네릭이 출시된 것이다.

⑥ 바이오시밀러

오리지널 바이오 의약품의 시장 독점 기간이 만료된 후 다른 업체가 판매하는, 오리지널 의약품과 유사하도록 개발된 바이오 의약품을 '바이오시밀러'라고 한다. 바이오 의약품 특성상 오리지널과 동등하게 개발하기 어렵기 때문에 오리지널과 유사한 제품이라는 의미다. 바이오시밀러의 특징에 대해서는 이후에 좀 더 자세히 알아보도록 하겠다.

[표 1-2] 국내 허가된 인플릭시맵의 오리지널과 바이오시밀러

국내 허가일	제품명
2005-08-23	레미케이드주사100mg(인플릭시맵)
2012-07-20	램시마주100mg(인플릭시맵)
2015-12-04	레마로체주100mg(인플릭시맵)

[표 1-2]에 제시된 3개 제품의 주성분명은 인플릭시맵이고, 브랜드명은 각각 레미케이드, 램시마, 레마로체다. 램시마, 레마로체는 오리지널인 레미케이드의 시장 독점 기간이 종료된 이후 출시된 바이오시밀러다.

⑦ 적응증indication

의약품이 치료나 예방을 목적으로 하는 대상 질환을 뜻한다. 의약품 제품설명서에는 '효능 효과'라는 항목으로 제시되어 있다. 예를 들어 아세트아미노펜의 오리지널인 '타이레놀정500mg'의 국내 허가 적응증은 '감기로 인한 발열 및 동통(통증), 두통, 신경통, 근육통, 월경통, 염좌통(삔 통증), 치통, 관절통, 류마티양 동통'이다. 제네릭과 바이오시밀러는 오리지널의 적응증 중 시장 독점 기간이 만료된 적응증을 그대로 인용할 수 있다.

1.5 바이오시밀러 한걸음 더 알아보기

최첨단 치료법인 바이오 의약품은 암, 당뇨, 자가면역 질환 같은 중대한 만성 질환을 관리하는 데 점점 그 중요성이 커지고 있다. **2012년부터 2022년까지 10년간 유럽 바이오 의약품 시장은 28% 성장했다.** 바이오 의약품에 대한 지출 성장률은 화학 의약품 지출 성장률을 넘어서서, **2023년 유럽의 처방 의약품 지출이 5.5% 증가했을 때 그중 바이오 의약품 지출은 9.9% 증가했다.**[8]

투워드 헬스케어Towards Healthcare의 보고서[9]에 따르면, 글로벌 바이오시밀러 시장은 2022년 251억 달러에서 2032년 약 1조 3,000억 달러로 성장할 것으로 예상되어 연평균 성장률이 17.6%에 달할 것으로 전망된다. 이러한 **바이오시밀러 시장의 성장은 바이오시밀러가 오리지널 의약품과 유사한 안전성과 유효성을 제공하면서 비교적 가격이 저렴해 공공의료 재정 및 환자부담금의 비용 절감에 도움이 되기 때문이다.**

바이오시밀러를 이해할 때 제네릭과 다른 몇 가지 고유 특성을 고려할 필요가 있다.

① 생물학적으로 동등하지 않고 유사하다

화학 의약품에 대한 제네릭은 오리지널과 동등한 것으로 인정된다. 주성분이 소분자 화합물인 화학 의약품은 화학적으로 동일한 제품을 개발하기가 비교적 간단하다. 이러한 동등성은 약제학적·생물학적 동등성 시험을 통해 확인되며, 생물학적 동등성 시험은 소규모 1상 임상시험으로 진행된다.

오리지널과 주성분이 화학적으로 동일한 제네릭과 달리 바이오시밀러의 주성분은 오리지널과 화학적으로 완전히 동일하기 어렵다. 바이오 의약품은 살아 있는 세포로부터 유래하기 때문에 바이오시밀러의 주성분을 오리지널 제품의 주성분과 동일한 아미노산 서열을 가지게 만들어도 아미노산들이 모여 단백질 구조를 이룰 때 구조상 차이가 발생할 수 있으며, 미생물이나 세포 배양 과정의 세부 사항이 다를 수 있다. 또한 바이오 의약품의 분자 구조는 매우 복잡하기 때문에 오리지널 제품과 바이오시밀러의 구조적 차이를 정확하게 식별할 수 있는 분석 도구가 아직 한계가 있다.

바이오시밀러의 생물학적·화학적 구성에 대해 오리지널 제품과 일정 수준의 유사성을 입증하는 것은 가능하지만, 바이오시밀러가 오리지널 제품과 '완전히 동일한' 효과와 임상적 안전성을 가진 약물임을 명확하게 입증할 수 있는 능력은 여전히 과제로 남아 있다.

② 개발 및 제조가 복잡하다

바이오 의약품은 화학적으로 합성하는 화학 의약품과 달리 고분자 단백질로 구성되기 때문에 제조 공정이 본질적으로 까다롭다. 단백질의 특성상 인체 내에서 원치 않거나 예상치 못한 면역 반응을 유발할 가능성이 있으므로 일관된 제품을 생산하기 위해 제조 공정을 엄격하게 통제해야 한다.

이러한 복잡성 때문에 **바이오 의약품과 바이오시밀러는 화학 의약품 및 제네릭에 비해 개발 및 제조에 더 앞선 기술과 더 많은 비용이 필요하다.** 이러한 점은 바이오시밀러 산업에 진입하는 데 상당한 장벽으로 작용해왔고, 그로 인해 충분한 자원을 갖춘 기업 위주로 바이오시밀러 산업이 편성되어 왔다.

대표적인 국내 바이오시밀러 회사로는 셀트리온, 삼성바이오에피스가 있으며, 암젠**Amgen**, 화이자**Pfizer**, 산도즈**Sandoz** 등 글로벌 제약회사도 바이오시밀러를 개발·판매하고 있다.

③ 제네릭 의약품에 비해 규제 승인 요건이 까다롭다

바이오시밀러의 규제기관 승인 비용은 제네릭 의약품보다 훨씬 높다. 제네릭 의약품은 오리지널과 화학적으로 동일하기에 인체에 미치는 영향도 비교적 간단한 생물학적 동등성 시험을 통해 입증할 수 있다.

반면 바이오시밀러는 오리지널 제품과 100% 동일하다고 담보할 수 없으므로, **규제기관은 바이오시밀러 허가를 위해 제네릭보다 복잡하고 포괄적인 자료를 요구한다. 여기에는 바이오시밀러의 안전성과 유효성이 오리지널 의약품과 유사함을 입증하는 3상 임상시험 자료가 포함된다.**

최근의 기술 발전과 규제기관의 바이오시밀러에 대한 경험 증가, 지식 및 데이터 공유 강화로 바이오시밀러 승인 절차를 간소화하려는 움직임이 있다. 예를 들어 미국 FDA는 소정의 추가 자료를 제출한 바이오시밀러에 '상호교환 가능Interchangeable' 지정을 도입해, 약사가 의사의 개입 없이 오리지널 의약품에서 바이오시밀러로 전환하는 것을 허용하고 있다. 2024년 6월 공개된 FDA의 가이드라인 초안[10]은 상호교환 가능성을 인정하기 위한 별도의 요건을 아예 제거했다. 최종 가이드라인은 어떨지 귀추가 주목된다.

규제기관이 바이오시밀러 검토를 가속화·간소화하려는 노력은 바이오시밀러의 시장 진입장벽을 낮추고, 바이오시밀러 회사가 투자를 더 효율적으로 회수하는 데 도움이 될 것이다.

2 제약바이오 산업의 역동성

BIOPHARMACEUTICAL

    제약바이오 산업은 다국적 거대 제약회사부터 소규모 바이오테크에 이르기까지 다양한 기업을 포괄한다. 이들 기업은 다양한 질병을 치료하고 예방하기 위한 의약품의 연구, 개발, 제조, 마케팅의 전부 또는 일부를 수행한다. 전략적 인수합병을 통해 기업이 역량을 확장하고 제품 포트폴리오를 강화하며 의학 발전을 주도할 수 있다.

    제약바이오 시장은 의약품 관련 특허의 존속 기간 만료, 제네릭 및 바이오시밀러와의 경쟁, 약가 인하 압력, 의료 정책 변화 등 다양한 요소에 영향을 받는다. 제약 산업의 역동성을 구성하는 요소인 의약품의 시장독점권, 제네릭 및 바이오시밀러와의 경쟁, 전략적 인수합병, 약가 인하 압력에 대해 좀 더 자세히 살펴보자.

2.1 의약품의 시장독점권

어떤 중대한 질환을 치료할 수 있는 혁신적인 신약을 개발했다고 상상해 보자. 이 성과는 수년 간의 연구와 막대한 투자를 의미한다. 이 혁신과 노력을 어떻게 보상받을 수 있을까? 성공적으로 신약을 개발해 규제기관의 품목 허가를 받은 개발사는 한시적이지만 합법적인 시장독점권을 부여받는다. 경쟁사가 동일한 주성분의 의약품을 판매하는 것이 금지되는 기간을 '시장 독점 기간'이라고 한다. 시장 독점의 메커니즘과 이것이 제약바이오 산업에 미치는 영향을 들여다보자.

① 특허

특허는 물질이나 기술이 새로운 발명임을 공식화하는 것이다. 발명의 세부 사항이 공개되는 것을 감수하고 각국 특허청에 특허 신청서를 제출하는 방식을 '특허 출원'이라고 한다. 특허청이 출원된 발명의 특허성을 인정하면 특허로 등록되는데, 특허 존속 기간은 일반적으로 출원일로부터 20년이다.

특허는 국가별로 기준이 다르므로 국가별로 특허 등록이 필요하다. 신약 개발 과정에서 특허 등록은 특허권자(발명자나 제약회사)가 특정 기간 동안 약물을 제조하고 판매할 수 있는 독점권을 갖기 위한 법적 보호를 획득하는 중요한 단계다.

의약품은 임상시험, 규제기관 승인 등 시장 출시에 앞서 거쳐야 할 관문이 많기 때문에 특허를 상업적으로 즉시 활용하기 어렵다는 특성이 있다. 이 문제를 해결하기 위해 미국 해치-왁스만법Hatch-Waxman Act은 PTRPatent Term Restoration이라고 하는 특허 존속 기간 연장 메커니즘을 제공한다. 미국에서

특허성이란?

출원된 발명은 특허청이 그 특허성을 인정할 때 특허로 등록된다. 일반적으로 다음과 같은 요건을 모두 충족해야 한다.

- **신규성**: 이전에 발명이 공개된 적이 없어야 한다. 즉 해당 발명이 특허 출원 전에 전 세계적으로 공개된 문헌이나 제품, 기술에 포함되지 않아야 한다. 기존의 기술과 동일하거나 공지된 것이라면 특허를 받을 수 없다.
- **진보성**: 발명이 해당 분야의 평균적인 기술자가 쉽게 생각해낼 수 있는 수준을 넘어서는 창의적이고 새로운 요소를 포함해야 한다. 즉 기존 기술과 비교했을 때 명확하게 구분되며 기술적인 진보를 보여야 한다. 단순한 변형이나 조합으로는 진보성을 인정받기 어렵다.
- **산업상 이용 가능성**: 발명이 산업상 이용 가능해야 한다. 즉 발명은 이론적인 것이 아니라 실제로 제조·활용될 수 있어야 하며, 산업 내에서 실질적으로 사용 가능한 것이어야 한다.

는 이 법률에 따라 **신약 개발사는 신약과 관련된 최초 특허의 존속 기간을 연장함으로써 임상시험 및 규제기관 승인 과정에서 손실한 시간을 보상받을 수 있다.** 특허 존속 기간 연장은 임상시험 기간(정확히는 임상시험 계획 승인일로부터 품목 허가 신청서 접수일까지)의 절반 그리고 품목 허가 신청서에 대한 규제기관 검토 기간만큼 허용된다. PTR로 연장 가능한 특허 존속 기간은 최대 5년이며, 전체 특허 존속 기간은 FDA 품목 허가 승인일로부터 14년을 넘을 수 없다.

유럽에도 이와 유사한 SPC**Supplementary Protection Certificate** 제도가 있다. 우

리나라 역시 의약품 허가를 받기 위해 소요되는 기간 동안 특허권자가 실질적으로 권리를 행사할 수 있는 기간이 줄어드는 것을 보상하기 위해 특허권 연장등록제도를 시행하고 있다.

의약품 관련 특허는 물질, 용도, 제조 방법, 조성 등 광범위한 분야를 포괄한다. 투자자들이 주식시장에서 가장 주목하는 특허는 의약품 주성분에 대한 물질특허다. 물질특허는 신약의 시장 독점 기간과 가장 직접적으로 연결되어 기업의 미래 수익 잠재력을 결정하므로 매우 중요하다. 또한 제조 방법, 용도, 조성 관련 특허도 중요하다. 제네릭이나 바이오시밀러를 제조하려는 경쟁 회사의 진입을 막는 중요한 장벽이 될 수 있기 때문이다. 원개발사와 제네릭 또는 바이오시밀러 회사 간 특허 분쟁에서 물질특허 외 제조 방법, 용도, 조성 관련 특허가 쟁점이 되는 경우가 많다.

투자자는 특허가 물질이나 기술의 특허성을 확립할 뿐, 특허와 관련된 의약품의 유효성과 안전성 같은 임상적 효용을 입증하는 것이 아님을 인지해야 한다. 의약품의 유효성과 안전성은 임상시험 결과로 확인하는 것이며, 이는 특허 등록과 무관하다. 특허만으로는 의약품의 치료 가치나 안전성 프로필을 검증할 수 없다.

어떤 회사가 특허 출원 및 등록 건수가 많다는 것은 회사가 연구개발과 혁신에 많은 노력을 기울이고 있으며, 지적 재산 포트폴리오를 구축하고 있다는 사실을 의미한다. 기술 라이선싱이나 수출을 통해 수익을 창출하는 기업에게 기술 특허는 중요한 경쟁 우위를 나타낼 수 있으나, 개별 특허의 세부적인 가치를 개인투자자가 판단하는 것은 결코 쉽지 않다.

그러므로 **특허 출원이나 등록을 무조건 호재로 받아들이지 않도록 주의해야 한다. 특허 관련 소식을 신약 개발이나 임상시험 성공 가능성 증가와**

혼동하지 않아야 하며, 기술 라이선싱을 주요 비즈니스 전략으로 하는 기업의 경우 언론 기사, 기업 보도자료 등을 통해 해당 특허의 가치에 대해 좀 더 알아보는 것이 좋다.

② 자료 독점

제네릭이나 바이오시밀러는 품목 허가 신청 시 규제기관이 이미 검토한 오리지널 제품의 자료로 제출을 갈음할 필요가 있다. 신약 개발 수준의 안전성, 유효성 입증 자료를 갖추기 어렵기 때문이다. 규제기관은 오리지널사가 상당한 시간과 노력을 들여 생성한 오리지널 제품의 자료를 다른 회사가 인용하는 것을 일정 기간 금지하는데, 이 기간을 '자료 독점 기간'이라 부른다. 미국 FDA는 다음과 같이 자료 독점 기간을 인정하고 있다.

- 희귀의약품독점권ODE: 7년
- 신규화학물질독점권NCE: 5년
- 새로운 임상 연구 독점: 3년
- 소아독점권PED: 기존 독점권에 6개월 추가
- 생물 의약품 가격 경쟁 및 혁신법BPCIA 독점: 오리지널 바이오 의약품 12년, 바이오시밀러 4년
- 특허 도전 성공PC: 180일(제네릭에만 해당)
- 경쟁적 일반 치료법CGT: 180일(제네릭에만 적용)

화학 의약품 신약의 경우 품목 허가일로부터 5년, 바이오 의약품 신약의 경우 품목 허가일로부터 12년 자료독점권이 부여된다는 것을 알 수 있다.

③ 시장 독점

자료 독점 기간과 특허 존속 기간이 겹치는 경우가 많지만, 사실 별개의 법적 보호다. FDA가 인정하는 자료 독점 기간과 특허 존속 기간 중 어느 하나에 해당되면 미국 시장 독점을 유지할 수 있다.

만약 의약품과 직접 관련된 특허가 미국에 등록되지 않았거나 특허 존속 기간이 이미 만료된 후에 신약 허가를 받았다면, 미국에서 신약의 시장 독점 기간은 화학 의약품의 경우 품목 허가일로부터 5년, 바이오 의약품의 경우 품목 허가일로부터 12년이 된다.

또 다른 예로, 특허 존속 기간 만료가 3년밖에 남지 않은 시점에 FDA로부터 바이오 의약품 신약을 허가받은 경우 바이오 의약품에 대한 미국의 자료 독점권은 제품 허가일로부터 12년간 지속되므로, 3년 후 특허가 만료되더라도 추가 9년 동안 시장독점권이 지속되는 셈이다.

의약품의 시장 독점은 특허 존속 기간 만료일 또는 자료 독점 기간 만료일 중 더 이후 날짜까지 인정된다. 특허 존속 기간 만료일이 시장 독점 종료일인 경우가 대부분이라 용어가 자주 혼용되어 사용된다. **오리지널 제품은**

[그림 2-1] 시장 독점 기간의 이해[11]

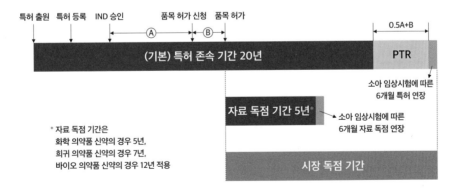

시장 독점 기간 동안 제네릭 및 바이오시밀러와의 경쟁 없이 판매될 수 있으며, 이는 수익 창출에 매우 유리하다. 따라서 제약바이오 기업에 투자할 때 주요 제품의 시장 독점 기간 만료일, 경쟁 신약의 출시 일정, 그 외 바이오시밀러의 허가 같은 잠재적인 특허 분쟁 여부를 확인할 필요가 있다.

[표 2-1]은 주요 블록버스터 제품의 미국 물질특허 만료일을 정리한 것이다. 이 표에 제시된 미국 시장 독점 기간은 특허 소송 관련 법원 판결, 추가 제형, 제조 방법 등 시장독점권을 확장할 수 있는 기타 특허의 가능성을 포함하지 않으므로 유의하기 바란다.

[표 2-1] 주요 블록버스터의 물질특허 만료 일정(~2030년)[12]

제품명	기업명	2023년 매출 (달러)	FDA 최초 허가	미국 물질 특허 만료	미국 시장 독점 기간
자렐토 (Xarelto)	존슨앤존슨(J&J), 바이엘(Bayer)	67억 8,000만	2011년	2025년	15년
엔트레스토 (Entresto)	노바티스 (Novartis)	60억 4,000만	2015년	2025년	11년
포시가 (Farxiga)	아스트라제네카 (AstraZeneca)	60억	2014년	2025년	12년
프롤리아(Prolia)	암젠(Amgen)	40억 5,000만	2010년	2025년	16년
엘리퀴스 (Eliquis)	BMS, 화이자 (Pfizer)	122억 1,000만	2012년	2026년	15년
트루리시티 (Trulicity)	일라이 릴리 (Eli Lilly)	71억 3,000만	2014년	2027년	14년
엑스탄디 (Xtandi)	이스텔라스 (Astellas), 화이자	62억 6,000만	2012년	2027년	16년
임브루비카 (Imbruvica)	애브비(AbbVie), 존슨앤존슨	48억 8,000만	2014년	2027년	14년
입랜스(Ibrance)	화이자	47억 5,000만	2015년	2027년	13년
옵디보(Opdivo)	BMS	90억 1,000만	2014년	2028년	15년
가다실 9 (Gardasil 9)	머크 앤 코 (Merck & Co.)	89억	2014년	2028년	15년
키트루다(Keytruda)	머크 앤 코	250억 1,000만	2014년	2028년	15년

다잘렉스(Darzalex)	존슨앤존슨	97억 4,000만	2015년	2029년	15년
오크레부스(Ocrevus)	로슈(Roche)	71억	2017년	2029년	13년
코센틱스(Cosentyx)	노바티스	49억 8,000만	2015년	2029년	15년
엔브렐(Enbrel)	암젠	37억	1998년	2029년	32년

출처: biopharmadive

 ## 의약품의 라이프사이클

출시 이후 의약품의 일반적인 라이프사이클은 [그림 2-2]와 같다. 제품의 특성, 회사의 전략 등 여러 가지 요인에 따라 특정 시기가 비교적 길 수도, 짧을 수도 있다. 투자를 고려할 때 관심 기업의 주요 제품이 라이프사이클의 어느 단계에 있는지 파악하는 것은 매우 중요하다.

[그림 2-2] 의약품 매출의 라이프사이클[13]

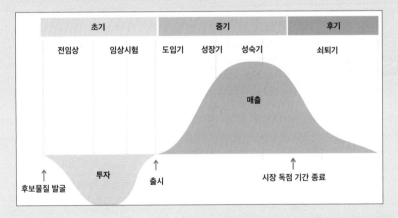

① 도입기

규제기관의 승인을 받고 의약품이 시장에 진입하는 단계다. 판매사는 의료진에게 제품을 인지시키는 활동과 가격 책정 및 보험 급여 협상에 집중한다. 처방이 증가하면서 매출이 점진적으로 증가하지만, 인지도가 제한적이고 새로운 제품으로의 처방 전환이 신중하게 이루어져 출시 후 초기 매출은 낮을 수도 있다.

② 성장기
판매사의 마케팅 노력과 임상 근거들이 쌓여 의료진이 해당 의약품의 이점을 인지하면서 매출이 급격히 증가한다. 판매 지역이 확장되거나, 새로운 적응증을 승인받거나, 보험 급여가 인정될 때도 매출이 증가한다.

③ 성숙기
의약품이 널리 사용되고 시장이 포화 상태에 도달함에 따라 매출이 안정적인 추세를 보인다. 또한 동일한 치료 영역에서 새로운 약물 등 경쟁 제품이 시장점유율을 감소시킬 수 있다. 지속적인 매출을 위해 서방형 제제, 복합제, 새로운 투여 방법 등을 개발해 도입하기도 한다

④ 쇠퇴기
특허 기간 만료로 시장독점권을 잃게 되면 제네릭 또는 바이오시밀러가 시장에 진입해 가격과 시장점유율이 낮아진다.

 투자자 노트

- 특허는 물질이나 기술이 새로운 발명임을 공식화하는 것이다. 특허 출원이나 등록 소식을 신약 개발이나 임상시험 성공 가능성 증가와 혼동하지 않도록 주의하자. 기술 라이선싱을 주요 비즈니스 전략으로 하는 기업의 경우 언론 기사, 기업 보도자료 등을 통해 해당 특허의 가치에 대해 좀 더 알아볼 필요가 있다.
- 오리지널 의약품은 자료 독점 기간과 특허 존속 기간 중 어느 하나에 해당되면 해당 국가에서 시장 독점을 유지할 수 있다. 시장 독점 기간 동안 오리지널 제품은 제네릭 및 바이오시밀러와의 경쟁 없이 판매될 수 있으며, 이는 수익 창출에 매우 유리하다. 따라서 제약바이오 기업에 투자할 때 주요 제품의 시장 독점 기간 만료일을 반드시 확인해야 한다.

2.2 제네릭 및 바이오시밀러의 등장과 경쟁

① 오리지널 의약품 회사의 대비 전략

시장 독점 기간 동안에는 동일한 대체 의약품이 없으므로 오리지널 의약품의 가격이 상대적으로 높게 유지된다. 하지만 여러 회사에서 제네릭 및 바이오시밀러를 출시하면 동일 주성분을 가진 다양한 제품이 시장에 존재하게 되므로 오리지널 의약품의 가격이 하락하고 시장점유율이 떨어져 매출 감소로 이어지는 경우가 많다. 이에 오리지널 의약품의 개발사(오리지널사)는 공격적인 지적재산권 유지 전략과 제품 수명주기 연장을 통해 시장독점권을 유지하고자 노력한다. 지금부터는 제네릭 및 바이오시밀러 경쟁에 대비하는 오리지널사의 대표적인 방어 전략을 소개하도록 하겠다.

• 에버그린 전략

오리지널 의약품을 개발한 회사(이하 '오리지널사')는 의약품의 시장독점권을 최대한 오랫동안 유지하기 위해 특허 기간 연장을 위한 전략을 사용하는 경우가 많다. 이를 '에버그린evergreen 전략'이라고 한다. 오리지널 개발사는 새로운 제형, 약물 전달 방법, 제조 방법, 다른 약물과의 병용이나 조합 등 오리지널 의약품의 변경과 관련해 가능한 많은 추가 특허를 등록한다. 기존 특허에 이의를 제기하거나 새로운 실험 결과 또는 임상시험 결과를 근거로 특허 연장을 모색할 수도 있다. 임상시험을 통해 기존 의약품의 새로운 용도(적응증)를 입증하면 추가적인 특허 보호를 확보해 시장 독점 기간을 효과적으로 연장할 수 있다. FDA도 새로운 적응증, 새로운 제형에 대해서는 자료 독점 기간 3년을 추가로 인정한다.

'특허 덤불patent thicket'이라 부르는 복잡한 특허망은 제네릭이나 바이오시밀러가 시장에 진입하는 것을 어렵게 만든다. 한 오리지널 제품에 대해 특허를 100개 이상 등록하는 경우도 많은데, '특허를 다수 등록하는 자체가 반독점법 위반 행위가 될 수는 없다'라는 미국 법원의 판결이 있었기에 특허 덤불 전략은 앞으로도 많은 오리지널사의 주요 전략이 될 것이다.

에버그린 전략은 혁신을 보호하고, 연구개발에 대한 오리지널사의 막대한 투자를 회수하고, 후속 투자를 유지하기 위한 합법적인 노력으로 볼 수 있다. 그러나 제네릭 및 바이오시밀러의 시장 진입을 지연시켜 잠재적인 약가 인하를 지연시킨다는 비판을 받기도 한다.

• 특허 소송 또는 회사 간 합의

오리지널 의약품의 특허 존속기간이 만료되기 전에 미국 FDA에 제네릭 품목허가 신청서를 제출하는 경우, 제네릭 개발사는 해당 제네릭을 오리지널 의약품의 특허 존속기간이 만료된 후에 판매하겠다고 서약하거나 오리지널 의약품의 특허를 침해하지 않았다고 명시Paragraph IV(인증)해야 한다. 후자의 경우, 제네릭 개발사가 품목허가 신청 사실을 오리지널사(또는 특허권자)에 서면 통보해야 하는 의무가 있다. 오리지널사가 해당 통보를 받은 날로부터 45일 이내에 제네릭 개발사를 대상으로 특허침해 소송을 제기하면 FDA는 제네릭 품목허가를 최장 30개월 지연시킬 수 있다. 제네릭 개발사가 오리지널 의약품의 특허를 대상으로 최초로 Paragraph IV 인증을 제출하고, FDA의 품목허가를 받은 후 제네릭 제품을 실제로 시판하게 되면, 180일간의 시장 독점권을 가질 수 있다. 다만, 독점권 부여는 자동이 아니며, 시판 지연, 인증 철회, 소송 패소 등의 사유로 박탈될 수 있다.

바이오시밀러에는 품목허가 30개월 보류나 180일 독점권 제도가 적용되지 않는다. 바이오시밀러 품목허가 전 바이오시밀러 개발사와 오리지널사가 특허 정보를 교환하는 특허 해명patent dance 절차가 있지만 법적 의무 사항은 아니다. 다만 바이오시밀러 개발사는 FDA 승인을 받은 후 제품 출시 예정일 최소 180일 전에 오리지널사에게 출시 계획을 통보해야 하는 법적 의무가 있다. 제네릭 및 바이오시밀러의 품목 허가 이후 오리지널사가 특허 침해를 이유로 제네릭 및 바이오시밀러의 판매 금지를 요청하는 소송을 제기하기도 한다. 서로 특허 소송을 하지 않는다는 전제로 오리지널사와 제네릭 및 바이오시밀러 회사 간에 일련의 합의 계약을 체결하는 경우도 있다.

주요 제품에 대한 특허 소송 결과는 주가에 뚜렷한 영향을 미친다. A사는 R사의 블록버스터 안과 제품에 대한 바이오시밀러를 개발해 FDA 품목 허가를 받았다. R사는 A사가 해당 제품의 핵심 특허를 침해해 바이오시밀러를 개발했다고 주장하며 소송을 제기했다. 그러나 법원은 A사의 바이오시밀러

[그림 2-3] 오리지널사 R사의 일봉 차트

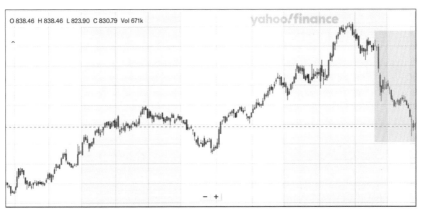

출처: Yahoo Finance

시장 출시를 저지하기 위한 R사의 가처분 신청을 기각했고, 이에 바이오시밀러 시장 진입이 확실시되자 오리지널사인 R사의 주가가 급격히 하락했다 (그림 2-3).

• 바이오시밀러 및 제네릭 전략

오리지널사가 다른 회사 또는 자회사와 라이선스 계약을 통해 제네릭 또는 바이오시밀러를 출시하는 경우도 있다. 이 제품은 오리지널과 동일하지만 더 낮은 가격에 판매되어 제네릭 및 바이오시밀러 시장점유율을 일부 확보하는 효과가 있다.

• 가격 경쟁 및 계약

미국의 오리지널사는 오리지널 의약품이 약국 혜택 관리자Pharmacy Benefits Manager, PBM 처방 의약품 목록에 남아 있도록 하기 위해 보험회사, 약국 혜택 관리자, 병원 같은 대규모 구매자에게 리베이트 또는 할인을 제공하는 경우가 많다.

• 포트폴리오 다각화

오리지널사는 강력한 신약 파이프라인을 구축해 신제품을 출시함으로써 특허 만료로 인한 매출 손실을 상쇄할 수 있다. 유망한 후속 파이프라인을 개발 또는 도입할 수 있는지가 관건이 된다. 포트폴리오를 신속하게 확장하기 위해 인수합병을 단행하기도 한다.

• 제네릭 및 바이오시밀러 시장 진입

일부 회사는 경쟁사의 오리지널 제품에 대한 제네릭 및 바이오시밀러를 제조하기도 한다. 기존 전문 지식을 활용하고 성장하는 제네릭 및 바이오시밀러 시장의 일부를 확보할 수 있기 때문이다.

시장 독점 기간 만료에 대비한 오리지널사의 전략은?

휴미라(아달리무맙)는 류마티스성 관절염 치료제로, 2002년에 FDA 승인을 받은 바이오 의약품이다. 이후 건선성 관절염, 강직성 척추염, 판상형 건선, 크론병, 궤양성 대장염 등으로 적응증을 확장해 다양한 자가면역 질환에 대한 치료제로서 입지를 확고히 했다. 우리나라를 포함해 60개 이상의 국가에서 허가되었으며, 연간 최대 매출액은 200억 달러를 넘기기도 했다. 그야말로 수년간 전 세계에서 가장 많이 판매된 블록버스터 의약품이다. 휴미라의 사례를 통해 블록버스터의 시장 독점 기간 만료에 대비해 오리지널사가 구사할 수 있는 다양한 전략을 살펴보자. 가격 경쟁에 대한 내용은 각국 시장의 특성에 따라 다르므로 제외했다.

- **특허 덤불:** 오리지널사는 휴미라의 물질, 조성물, 제제, 제조 공정, 용도와 관련된 312개의 특허를 출원했고, 이 중 166개가 등록되었다. 오리지널사가 휴미라에 대해 특허를 다수 등록한 것은 반독점법 위반 행위가 아니라는 시카고 연방 항소법원의 판결이 있었다.[14]
- **제형 변경:** 오리지널사는 환자의 통증을 저감시킬 수 있는 휴미라의 구연산염 무함유 버전을 개발해 출시했다. 다수의 바이오시밀러가 구연산염을 함유한 휴미라 최초 버전을 기반으로 개발되었기에, 휴미라의 새로운 제제는 바이오시밀러와의 경쟁에서 차별점을 가질 수 있다.
- **회사 간 합의:** 오리지널사는 여러 바이오시밀러 회사와 합의해 특허 무효 소송을 진행하지 않고 바이오시밀러 출시 시점을 합의했다. 바이오시밀러 회사가 미국에서 오리지널사의 특허에 이의를 제기하지 않고 바이오시밀러 출시를 2023년으로 연기하는 대신, 오리지널사는 유럽에서 바이오시밀러가 출시되는 데에 이의를 제기하지 않기로 동의한 것이다.[15, 16] 이러한 합의로 2018년 유럽 시장에서 휴미라

의 바이오시밀러가 출시되었고, 휴미라는 미국 시장에서 2023년까지 시장 독점을 유지할 수 있었다.
- **후속 포트폴리오 강화**: 오리지널사는 휴미라의 수익을 대체할 차세대 치료제 스카이리지(리산키주맙), 린보크(우파다시티닙)를 개발해 각각 2019년, 2022년에 출시했다.

오리지널사는 휴미라의 특허 만료에 대비해 특허 관리, 제제 개선, 포트폴리오 다각화 등 다양한 준비를 해왔다. 제약바이오 기업이 재무안정성을 유지하면서 노후화된 약물에서 차세대 약물로 수익원을 성공적으로 전환하는 전략은 기업의 수익성 유지에 상당히 중요하다.

② 제네릭 및 바이오시밀러의 시장 경쟁

제네릭 및 바이오시밀러 회사는 오리지널 제품의 시장독점권이 만료되는 대로 빠르게 제품을 출시하는 것을 목표로 한다. 규제기관은 오리지널 제품의 시장 독점이 종료되기 전에 제네릭 및 바이오시밀러의 품목 허가를 승인하기도 하는데, 오리지널 제품의 시장 독점 기간이 종료된 이후에 출시할 것을 품목 허가 조건으로 덧붙인다. 존속 중인 특허에 쟁점의 소지가 있는 경우 제네릭 및 바이오시밀러 회사는 오리지널사를 상대로 특허 무효 소송을 제기한다.

제네릭 및 바이오시밀러는 오리지널 제품과 동등·유사한 안전성 및 유효성을 제공하면서 가격이 저렴하다는 경쟁력이 있다. 바이오시밀러가 오리지널 제품과 매우 유사하지만 완전한 동등성을 보장할 수 없다는 사실은 의료진 또는 환자가 바이오시밀러로의 전환을 주저하게 되는 요인으로 작용하기도 한다.

예를 들어 TNF-알파 억제제에 대한 네덜란드 당국ACM의 조사에 따르면, 최근 몇 년 동안 환자와 의사 사이에서 바이오시밀러에 대한 수용이 개선되었지만 바이오시밀러로의 전환을 꺼리는 환자가 여전히 많다는 사실이 확인되었다. TNF-알파 억제제처럼 환자가 정기적으로 약을 투여해야 하는 만성 질환(예: 류마티스 관절염) 치료제의 경우, 바이오시밀러 전환에 저항감이 더 높을 수 있다.[17]

또한 미국의 암 환자와 의사를 대상으로 진행한 연구 결과, 70%의 참가자가 바이오시밀러에 대해 제한된 인식을 가지고 있는 것으로 나타났다.[18] 다른 연구 역시 의료 전문가들이 오리지널 제품과 비교했을 때 바이오시밀러의 안전성과 효능을 우려하고 있다고 지적했다.[19, 20, 21]

이와 같이 제네릭과 달리 바이오시밀러로의 전환은 자동으로 이루어지지 않는다. 즉 바이오시밀러의 시장 침투는 제네릭 의약품에 비해 느리고 제한적일 수 있다.

정부는 공공 의료 지출을 관리하기 위해 제네릭 및 바이오시밀러 사용을 장려하는 정책을 펼치는 경우가 많다. 예를 들어 미국 상원은 바이오시밀러 진입을 저해하는 PBM 환급rebate 관행을 개혁하고자 2022년 약국혜택관리자 투명성법Pharmacy Benefit Manager Transparency Act을 도입했다. 또한 보건의료인들의 바이오시밀러에 대한 이해를 높이기 위해 2021년 바이오시밀러 교육발전법Advancing Education of Biosimilars Act을 통과시켰다. 이 법에 따라 FDA는 바이오시밀러 처방 관행을 개선하기 위한 교육 프로그램을 개발 및 개선하고 있다. ASCO(미국임상종양학회) 역시 임상진료 가이드라인을 FDA 승인 바이오시밀러에 통합해 적용하는 것을 지지한 바 있다.[22]

오리지널 제품, 제네릭 및 바이오시밀러의 시장점유율은 국가별 및 제품

별 규제 현황, 약가 정책, 마케팅 환경 등의 요인에 따라 달라진다. 어떤 경우에는 바이오시밀러가 상당한 시장 침투를 달성하는 반면, 어떤 경우에는 오리지널 제품이 강력한 지위를 유지한다. 예를 들어 영국에서는 바이오시밀러 출시 이후 류마티스성 관절염 환자에 대한 주요 오리지널 제품의 시장점유율이 20~30% 수준으로 하락했다. 유럽에서는 항응고제 에녹사파린 역시 바이오시밀러가 높은 시장점유율을 보이고 있다. 반면 유럽의 에리스로포이에틴 시장은 바이오시밀러를 크게 할인해 판매하는데도 불구하고 여전히 오리지널 제품이 지배하고 있다.[23]

제네릭 및 바이오시밀러 회사는 경쟁 우위를 확보하기 위해 오리지널 의약품과 주성분은 동일하면서 보다 개선된 편이성을 제공하는 의약품을 개발하기도 한다. 이를 화학 의약품의 경우에는 '개량신약', 바이오 의약품의 경우에는 '바이오베터'라고 한다. 매일 투여하는 약을 주 1회 투여할 수 있도록 만들거나, 정맥주사 약물을 피하주사 제형으로 개발하거나, 두세 가지 약물을 하나의 복합제로 만드는 것이 대표적이다. 개량신약이나 바이오베터가 오리지널 의약품과 전략적 차별화를 통해 또 다른 의학적 미충족 수요를 충족시키는 경우, 시장 확대는 물론 약가 면에서도 프리미엄을 기대할 수 있다.

성공적인 바이오베터의 예로 '뉴라스타(페그필그라스팀)'를 들 수 있다. 뉴라스타는 화학 요법을 받는 암 환자의 감염 위험을 줄이기 위한 생물학적 제제인 필그라스팀의 바이오베터다. 오리지널 필그라스팀은 며칠에 걸쳐 매일 주사를 해야 했으나, 필그라스팀을 페길화PEGylation해 반감기를 연장한 뉴라스타는 화학 요법 주기당 1회 투여를 가능하게 해 환자 편의성과 순응도를 대폭 향상시켰다. 뉴라스타는 오리지널 필그라스팀 및 여타 바이오시밀러보다 가격이 높음에도 불구하고 명확한 치료적 이점으로 글로벌 시장에서 지

배적인 위치를 유지했다.[24]

2.3 인수합병과 라이선싱

인수합병과 라이선싱은 제약바이오 산업에서 성장, 혁신, 경쟁 우위를 위한 기회가 될 수 있다. 기업은 인수합병 또는 라이선싱이라는 전략적 행보를 통해 제품 포트폴리오를 확장하고 연구개발 역량과 시장 입지를 강화할 수 있다. 인수합병 및 라이선싱의 추세와 현황을 이해하면 핵심 기업, 신기술, 성장 잠재력을 파악하고, 시장 역학과 경쟁 변화, 잠재적 투자 기회를 포착하는 데 도움이 될 수 있다.

① 제약바이오 산업에서 인수합병과 라이선싱의 의의

제약바이오 산업에서 인수합병과 라이선싱이 가지는 의의를 자세히 살펴보자. 첫째, **인수 기업은 인수합병을 통해 신약 개발 비용 및 위험을 줄일 수 있다.** 신약 개발 과정에서 대다수의 후보물질이 임상시험 실패를 겪는다. 자금력이 있는 기업은 임상시험을 통해 어느 정도 안전성과 유효성이 검증된 신약 후보물질의 개발권, 판권을 라이선싱하거나 유망한 파이프라인을 갖춘 기업을 인수해 신약의 출시 기간을 단축하고 재정적 부담과 실패 위험을 줄일 수 있다. 확고한 성과를 내는 회사를 인수하는 건 자체적으로 신약을 개발하는 것보다 효율적이고 비용효과적인 전략이 될 수 있다. 일례로 화이자는 2023년 12월 항암제 기업 시젠**Seagen**을 434억 달러에 인수했다. 그로 인해 화이자의 항암제 파이프라인 규모는 두 배로 늘어났다.

후기 임상시험 단계까지 신약 개발을 직접 수행할 여력과 자금이 부족한 소규모 바이오테크의 경우 다른 회사에 인수합병됨으로써 성공적으로 엑시트**Exit**하는 것이 비즈니스 전략이 될 수 있다. [표 2-2]는 2024년 주요 다국적 제약사의 주요 인수합병 현황을 정리한 것이다.

둘째, **인수합병은 인수 기업에게 새로운 치료 영역으로 진출할 기회를 제공한다.** 인수 기업은 전문성 있는 연구진과 첨단 기술, 혁신적인 플랫폼을 갖춘 기업을 인수함으로써 연구개발 역량을 강화하고 포트폴리오를 다각화할 수 있다. 이는 경쟁력을 유지하면서 새로운 치료 영역에서의 상업적 성공을 시도하는 데 매우 중요하다. 일례로 2020년 애브비는 앨러간**Allergan**을 630억 달러에 인수해 미용 및 신경계 제품으로 포트폴리오를 다각화했다. 암젠은 2023년 10월 희귀 의약품 제약사 호라이즌**Horizon**을 278억 달러에 인수해 희귀 의약품 라인업을 대폭 강화했다.

셋째, **인수합병은 특허 존속 기간 만료에 대한 대비책이 될 수 있다.** 오리지널 제품의 특허 존속 기간이 만료됨에 따라 제네릭 또는 바이오시밀러 제

[표 2-2] 2024년 다국적 제약사의 주요 인수합병 현황[25]

인수 기업	피인수 기업	거래가치 (달러)	프리미엄	인수합병의 의의
노보 홀딩스 (Novo Holdings)	캐털란트 (Catalent)	165억	발표 전일 장 종료가의 16.5%	위탁개발생산(CDMO) 대기업을 인수함으로써 제조 역량 강화
버텍스 파마슈티컬스 (Vertex Pharmaceuticals)	알파인 이뮨 사이언스(Alpine Immune Sciences)	48억	발표 2일 전 장 종료가의 67%	BAFF & APRIL 억제제 포베타시셉트를 확보함 으로써 신장 질환 치료제 포트폴리오 확장
길리어드 사이언스 (Gilead Sciences)	시마베이 테라퓨틱스 (CymaBay Therapeutics)	43억	발표 전일 장 종료가의 27%	PPAR-델타 수용체 작용제 셀라델파를 확보 함으로써 자가면역 간 질환(PBC) 시장에서 입지 구축
일라이 릴리 (Eli Lilly)	모픽 테라퓨틱스 (Morphic Therapeutics)	32억	발표 전 30일 거래량 가중치 평균가의 87%	α4β7 인테그린 억제제 'MORF-057'을 확보함으 로써 궤양성 대장염 및 크론병 치료제 시장에서 경쟁력 강화
머크 앤 코 (Merck & Co.)	아이바이오 (EyeBio)	30억	–	3중 표적 항체 레스토렛 (EYE103)을 확보함으로써 안과 질환 포트폴리오 강화
노바티스 (Novartis)	모포시스 (MorphoSys)	27억 유로	2024년 1월 25일 이전 1개월간 평균가의 94%	골수섬유증 치료제 펠라브레시브를 확보함으 로써 혈액암 포트폴리오 강화
룬드벡 (Lundbeck)	롱보드 파마슈티컬스 (Longboard Pharmaceuticals)	25억	발표 전일 장 종료가의 54%	5-HT2C 수용체 작용제 벡시카세린을 확보함 으로써 신경 희귀 질환 포트폴리오 확장
오노 파마슈티컬스 (Ono Pharmaceutical)	데시페라 파마슈티컬스 (Deciphera Pharmaceuticals)	24억	발표 전일 장 종료가의 75%	킨락(허가된 항암제)과 빔셀티닙(허가 임박 항암제)을 확보함으로써 글로벌 항암제 시장 확장 본격화

출처: Fierce Pharma. "Top 10 Biopharma M&A Deals of 2024."

품이 시장에 진입하면, 오리지널 제품의 가격과 시장점유율이 낮아져 회사의 수익성이 저하될 가능성이 크다. 기업은 이러한 손실을 상쇄하기 위해 인수합병을 통해 수익 잠재력이 높은 신약을 파이프라인에 보충해 지속적인 수익 흐름을 보장하고, 특허 존속 기간 만료로 인한 재정적 영향을 완화하기 위해 노력한다.

② 인수합병 절차

기업 인수합병에는 독점금지법 및 기타 산업별 규정에 따라 다양한 규제 절차가 적용된다. 이러한 절차는 독점 관행을 방지하고 경쟁을 보호하며 공중 보건을 보호하기 위해 설계되었다. 독점금지법Hart Scott Rodino, HSR에 따라 중요한 인수합병 거래에 참여하는 회사는 합병을 진행하기 전에 연방거래위원회FTC와 법무부DOJ에 통지서를 제출해야 한다. 제약바이오 분야 인수합병은 주로 연방거래위원회가 검토를 주도한다. 연방거래위원회는 30일간 해당 거래가 경쟁을 감소시킬 것인지, 독점을 창출할 것인지, 약가 상승을 초래할 것인지 등을 검토한다. 초기 검토 시 우려가 제기되는 경우, 연방거래위원회는 보완 자료를 요청하며 검토 기간을 연장할 수 있다. 합병으로 인한 잠재적인 경쟁 손실에 대한 자세한 조사가 이루어지므로 연방거래위원회의 검토 완료는 수개월이 걸릴 수도 있다.

연방기래위원회는 독점 가능성이 있다고 판단되는 경우, 인수 회사로 하여금 사업의 일부나 특정 제품 라인을 매각하도록 하는 등 인수합병을 위한 조건을 요구할 수 있다. 2019년 연방거래위원회는 브리스톨 마이어스 스큅Bristol Myers Squibb, BMS이 740억 달러에 셀진Celgene을 인수하는 데 이의를 제기하며, 양사가 합병하면 다발골수종 치료제 시장의 경쟁이 줄어들 것이라고 우려를 표했다. 이에 BMS가 셀진의 건선 치료제 오테즐라Otezla를 암젠에 134억 달러에 매각하기로 합의한 후에야 인수합병이 진행되었다.[26]

만일 해당 인수합병이 시장 경쟁에 해를 끼치고 구제책이 충분하지 않다고 판단되면 연방거래위원회는 법적 조치나 행정 절차를 통해 거래를 차단하고자 할 수 있으며, 그 결과 합병이 성사되지 못할 수도 있다. 우리나라에도 독점 규제 및 공정거래에 관한 법률에 따라 공정거래위원회가 기업 간 인수합병을 사전에 평가하는 절차가 있다.

③ 인수합병이 주가에 미치는 영향

인수합병이 주가에 미치는 영향은 인수합병의 전략적 적합성, 잠재적 시너지에 대한 시장의 인식, 인수 프리미엄 지불 정도, 합병과 관련된 운영상 위험, 거래 자금 조달 방법 등에 따라 달라진다. 먼저 두 회사가 전략적으로 잘 맞는지가 중요하다. 예를 들어 인수합병이 새로운 시장으로의 진출을 가능하게 하거나, 기존 사업과의 시너지를 통해 경쟁력을 강화할 수 있는 경우 시장에서는 이를 긍정적으로 평가할 가능성이 높다. 반면 전략적 적합성이 낮아 서로 다른 분야의 기업이 합병하거나 통합 후 시너지를 내기 어렵다면, 시장의 반응은 부정적일 수 있다. 인수 기업이 피인수 기업의 주식에 대해 시장가보다 높은 가격을 제시하는 것을 '인수 프리미엄'이라고 하는데, 이 프리미엄이 지나치게 높다면 인수 기업의 주가는 하락할 수도 있다.

또한 인수합병을 위해 인수 기업이 자금을 어떻게 조달하는지도 무척이나 중요하다. 인수 자금을 대출로 마련하는 경우 회사의 부채 비율이 상승해 재무 부담이 증가할 수 있고, 주식을 발행해 자금을 조달하는 경우 기존 주주들의 지분이 희석될 수 있다. 시장에서는 이러한 자금 조달 방식이 기업의 장기적인 재무안정성에 어떤 영향을 미칠지를 고려해 주가에 반영한다.

일반적으로 인수되는 회사의 주가는 인수 프리미엄으로 긍정적인 영향을 받는다. 반면 인수하는 회사의 주가는 거래 가치와 실행 위험에 대한 투자자의 신뢰에 따라 긍정적일 수도, 부정적일 수도 있다. 거래 과정에서 심각한 규제 장애물이나 불확실성이 발생하는 경우 주가에 대한 긍정적인 영향이 약화될 수 있다.

2024년 11월 나스닥 상장사 할로자임 테라퓨틱스**Halozyme Therapeutics**가 독일 제약바이오 회사 에보텍**Evotec SE**을 주당 11유로로, 총 20억 유로의 현금 거래로 인수하겠다는 계획을 발표하자 할로자임 테라퓨틱스의 주가가 15% 이상 하락했다. 에보텍의 주가에 27.5%의 프리미엄을 제공하는 조건이었는데, 투자자들은 인수합병으로 취할 수 있는 비즈니스상 이득에 비해 총거래금액과 프리미엄이 너무 높다고 판단한 것으로 보인다. 결국 양사 합의에 이르지

[그림 2-4] 할로자임 테라퓨틱스의 일봉 차트

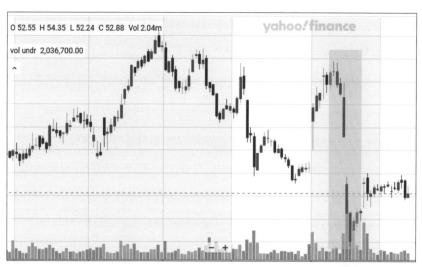

출처: Yahoo Finance

못해 인수합병이 성사되지는 않았으나, 할로자임 테라퓨틱스의 주가에 큰 영향을 미친 사건이었다.

한편, 제약바이오 기업은 주요 치료 영역에 집중하기 위해 비핵심 자산을 매각하거나 별도 회사로 분리하기도 한다. 전략적 매각 또는 분리를 통해 포트폴리오를 조정함으로써 운영비를 간소화하고 고성장 분야에 더 많은 투자를 할 수 있다. 노바티스Novartis가 제네릭 사업부를 산도즈라는 별도 회사로 분리한 것은 혁신적인 의약품에 집중하려는 전략을 반영했다고 볼 수 있다. 셀트리온은 2023년 아시아·태평양 지역의 '프라이머리 케어Primary care' 사업부를 분할 매각해 2,470억 원 규모의 자금을 확보했다.[27]

④ 바이오테크 라이선싱 트렌드

라이선싱은 특정 파이프라인이나 기술에 대한 개발 및 판매 권리를 거래하는 것이다. 2024년 10월에 발간된, 바이오테크 라이선싱 계약에 관한 J.P. 모건의 자료[28]를 보면, 대형 제약회사들이 후기 임상시험 단계에 진입한 자산에 높은 가치를 부여하고 있다는 것을 확인할 수 있다. 2024년 1~3분기 대형 제약회사가 지급한 라이선싱 계약금의 중앙값은 신약발굴 플랫폼 4,000만 달러, 전임상 단계 1,600만 달러, 임상 1상 단계 2,700만 달러, 임상 2상 단계 2,800만 달러, 임상 3상 단계 7,500만 달러로 집계되었다.

전임상 단계, 임상 1상 단계 자산에 대한 계약금은 감소 추세인 반면, 임상 3상 단계 자산에 대한 계약금은 크게 증가했다. 후기 단계 임상 프로그램 거래는 대형 제약회사 입장에서 비록 비용은 더 들지만 개발에 따른 위험을 줄이고 파이프라인을 즉각적으로 강화할 수 있다는 장점이 있다.

따라서 라이선싱 협상에서 매력을 높이기 위해서라도 임상 1상, 2상까지

[그림 2-5] 대형 제약회사의 임상시험 단계별 라이선싱 계약금 중앙값

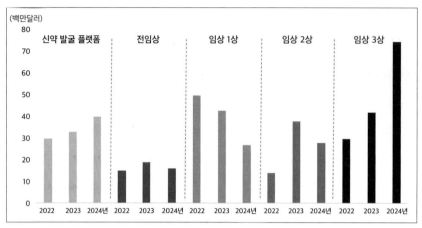

출처: J. P. 모건 〈Biopharma Outlook Q3 2024〉

개발을 진행하는 바이오테크의 연구 능력과 자금 조달 능력이 더욱 중요해
지고 있다.

 투자자 노트

- 제약바이오 산업 내 인수합병이 갈수록 활발해지고 있다. 일반적으로 인수되는 회사의
  주가는 인수 프리미엄으로 긍정적인 영향을 받는다. 반면 인수하는 회사의 주가는 거래
  가치와 실행 위험에 대한 투자자의 신뢰에 따라 긍정적일 수도, 부정적일 수도 있다.
- 바이오테크의 라이선싱 아웃은 여전히 초기 후보물질 발굴 및 플랫폼 기술이 대부분을
  차지하고 있지만, 점차 임상시험 단계 자산의 거래가 증가하고 있다. 임상 1상, 2상까지
  개발을 진행하는 바이오테크의 연구 능력과 자금 여력이 중요해지고 있다.

2.4 약가 인하 압력

대부분의 국가에서 정부는 의약품 가격을 직간접적으로 규제한다. 국가별로 의료보험제도가 존재하지만, **정부는 정부 예산 및 환자의 재정적 부담 완화를 위해 공공보험으로 보장되는 의약품 가격에 상한선을 두거나 제약회사에 약가를 인하할 것을 요구할 수 있는 다양한 제도적 장치를 마련하고 있다.**

최근의 대표적인 사례는 2023년 8월 미국 CMSCenters for Medicare & Medicaid Services가 인플레이션 감소법Inflation Reduction Act, IRA에 따라 메디케어 가격 협상 대상으로 첫 10개 의약품을 선정한 것이다.[29] 이 프로그램은 2027년과 2028년에 매년 15개 의약품을 추가하고, 2031년에는 100개 의약품을 협상 대상으로 하는 것을 목표로 한다.

이러한 약가 인하 압력은 직접적으로 제약바이오 기업의 매출과 수익성에 영향을 미칠 수도 있다. 특히 고가의 신약을 판매하는 기업의 경우 영향이 더 클 수 있다. 약가 인하로 수익이 감소하면 신약 개발업체의 연구개발이 위축될 수 있다고 우려하는 목소리도 있지만, 제네릭 및 바이오시밀러 회사에는 기회가 될 수도 있다. 제네릭 및 바이오시밀러는 오리지널 제품 대비 가격이 낮아 가격 경쟁력을 바탕으로 시장점유율을 확보할 수 있기 때문이다.

이와 같이 약가는 수요와 공급이라는 시장 원리에 더해 정부 정책의 영향을 크게 받는다. 투자자는 해당 기업의 수익이 고가 치료제에 얼마나 의존하고 있는지 평가하고 가격 인하가 기업의 수익성에 미치는 잠재적 영향을 평가해야 하는 한편, 정책 변화에 따른 제네릭 및 바이오시밀러 회사의 성장 가능성을 고려해야 한다.

[표 2-3] 2023년 8월 미국 CMS가 발표한 메디케어 가격 협상 대상 의약품 목록

제품명	치료되는 질환	2022년 6월~2023년 5월 메디케어 Part D 적용 처방 의약품 비용 (달러)	2022년 6월~ 2023년 5월 약을 사용한 메디케어 Part D 가입자 수
엘리퀴스(Eliquis)	혈전 예방 및 치료	164억 8,262만 1,000	370만 6,000명
자디앙(Jardiance)	당뇨병, 심부전	70억 5,770만 7,000	157만 3,000명
자렐토(Xarelto)	혈전 예방 및 치료, 관상동맥 또는 말초동맥 질환 환자의 위험 감소	60억 3,139만 3,000	133만 7,000명
자누비아(Januvia)	당뇨병	40억 8,708만 1,000	86만 9,000명
포시가(Farxiga)	당뇨병, 심부전, 만성 심장 질환	32억 6,832만 9,000	79만 9,000명
엔트레스토 (Entresto)	심부전	28억 8,487만 7,000	58만 7,000명
엔브렐(Enbrel)	류마티스 관절염, 건선, 건선성 관절염	27억 9,110만 5,000	48만 명
임브루비카 (Imbruvica)	혈액암	26억 6,356만	2만 명
스텔라라(Stelara)	건선, 건선성 관절염, 크론병, 궤양성 대장염	26억 3,892만 9,000	2만 2,000명
피아스프(Fiasp), 피아스프 플렉스터치(Fiasp FlexTouch), 피아스프 펜필(Fiasp PenFill), 노보로그(NovoLog), 노보로그 플렉스펜(NovoLog FlexPen), 노보로그 펜필(NovoLog PenFill)	당뇨병	25억 7,658만 6,000	77만 7,000명

출처: 미국 CMS

투자자 노트

- 대부분의 국가에서는 정부가 의약품 가격을 직간접적으로 규제한다. 정부의 약가 인하 압력은 제약바이오 기업의 매출과 수익성에 직접적으로 영향을 미칠 수 있다.
- 투자자는 정부의 약가 인하 압력이 오리지널 의약품 기업의 수익성에 미치는 잠재적 영향과 제네릭 및 바이오시밀러 회사의 성장 가능성을 고려해야 한다.

PART 2

신약개발부터
임상시험까지

　　제약바이오 기업에 투자하고 싶다면 신약이 개발되어 처방이 가능하기까지의 과정을 이해하는 것은 필수다. 신약 개발 과정은 제약바이오 기업의 가치를 정제해 탄생시키는 과정이기 때문이다.

　　많은 사람이 신약 개발을 '10년의 여정'이라 말한다. 투자자는 신약 개발 과정을 이해함으로써 분석 능력을 높이고, 더 신중하고 전략적인 투자 결정을 내릴 수 있다. 예를 들어 신약 개발 과정에서 임상시험 결과 발표와 규제 기관의 승인은 기업의 주가에 큰 영향을 미칠 수 있는데, 이러한 주요 이벤트 시점을 예측하고 준비하면 시장에서 더 유리한 시기에 매수 또는 매도 결정을 내릴 수 있다.

　　또한 파이프라인에 있는 신약이 어느 정도 개발되었는지, 시장의 미충족 수요를 어떻게 해결할 수 있는지 등을 이해하면 기업의 미래 가치를 더욱 정확히 평가할 수 있다. 투자자는 복잡한 규제 환경을 효과적으로 탐색함으로써 어떤 기업이 더 나은 투자 기회를 제공하는지 객관적으로 결정을 내릴 수 있다.

3.1 신약 개발 여정

신약 개발은 일반적으로 후보물질 발굴, 전임상시험, 임상시험, 제제 개발, 공정 개발, 품목 허가 신청 및 승인, 시판 단계로 진행된다. 제제 개발과 공정 개발은 임상시험과 병행해 진행되는 경우가 많다. 여러 전임상시험, 1상, 2상, 3상 임상시험을 진행하다 보면 일부 연구 시기가 겹칠 수도 있다. 그러나 각 임상시험을 시작하기 전에는 규제기관의 승인이 필요한데, 개발이 후반으로 진행될수록 선행 개발 단계의 결과가 다음 개발 단계의 근거로 필요하다. 따라서 의약품 개발에는 구조화된 순서가 자연스럽게 형성될 수밖에 없다.

이는 신약 개발에 대한 엄격하고 체계적인 접근을 보장한다. **의약품 개발사는 이러한 규제 및 과학적 요구 사항으로 인해 신약 개발 단계를 마음대로 단축하거나 우회할 수 없다. 결과적으로 신약 개발은 시간이 많이 걸리고 상당한 투자와 광범위한 검증 노력을 필요로 한다.**

[그림 3-1] 신약이 처방에 이르기까지의 과정

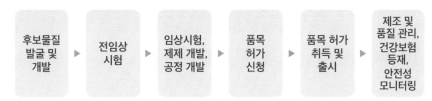

① 후보물질 발굴 및 개발

개발사는 연구와 실험을 통해 새로운 화합물 또는 단백질을 식별하고 설계한다. 분자 화합물에 대한 많은 테스트가 실시되며, 이 단계에서 수천 개의 신약 후보물질이 생성될 수 있다. 이 중 중요한 가능성을 입증한 소수만이 신약 개발의 다음 단계로 진입한다.

근래에는 약물 설계 및 테스트 시뮬레이션에 인공지능AI을 활용해 예측성을 높이려는 시도가 이루어지고 있다. 인공지능을 활용하면 타깃과 후보물질을 발굴하고 물질을 최적화하는 데 필요한 기간이 획기적으로 줄어 신약 개발 비용을 절감할 수 있을 것이라는 기대가 높다. 대표적인 인공지능 서비스로 엔비디아NVIDIA의 바이오네모BioNeMo 플랫폼을 들 수 있다. 이는 새로운 약물 후보물질 발굴 및 단백질 엔지니어링을 위해 설계된 생성형 AI 서비스다.[30] 또한 엔비디아는 AI를 활용한 신약 개발에 집중하는 바이오테크 기업들에 적극적으로 투자하고 있다.

아직까지는 인공지능을 활용해 약물을 개발하고 후기 임상시험과 의약품 허가까지 이어진 사례는 없지만, 인공지능의 활용은 신약 개발 분야에서 상당한 잠재력과 가능성을 가지고 있다. 단 인공지능을 이용해 후보물질 발굴의 효율성과 예측 가능성이 높아진다 하더라도, 인체 안전성과 유효성을 임상시험을 통해 검증하기까지는 여전히 수년의 시간이 필요하다는 사실을 기억하자. 인공지능을 활용한 신약 개발의 구체적인 성과와 경제적 가치를 확인하고, 비용 절감분이 누구에게 흘러 들어갈 건지 확인하는 데는 좀 더 시간이 필요할 것이다.

② 전임상시험

전임상 연구 단계에서는 약물의 독성, 안전성, 유효성을 시험관in vitro 실험, 세포 및 동물in vivo 실험을 통해 평가한다. 연구 결과의 신뢰성과 정확성을 확보하기 위해서는 연구시설 및 기구, 연구 계획서 작성, 시험 수행, 보고서 작성 등 규제기관이 요구하는 GLP**Good Laboratory Practice**, 즉 비임상시험관리기준을 준수해야 한다.

③ 임상시험

전임상 연구에서 유의미한 독성이 발견되지 않고 인체 유효성이 여전히 기대된다면, 약물을 인체에 투여하는 임상시험 단계에 진입한다. 임상시험을 시작하려면 규제기관의 임상시험계획 승인, 즉 IND**Investigational New Drug** 승인이 필요하다. IND 승인은 규제기관이 약물 후보물질의 전임상 연구 결과 및 임상시험 계획을 검토하고 임상시험 개시에 동의한다는 의미이며, 신약 개발 과정의 중요한 단계다. 다만 **IND 승인 자체가 해당 약물의 안전성 및 유효성, 상업화 가능성을 보장하는 것은 아니므로 유의해야 한다.**

모든 임상시험은 피험자의 권리와 안녕을 보호하며 데이터의 정확성과 신뢰성을 보장하기 위해 GCP**Good Clinical Practice**, 즉 임상시험관리기준을 준수해야 한다. GCP를 위반한 것으로 판명되면 행정 처분 대상이 될 뿐만 아니라 해당 임상시험으로부터 얻은 데이터를 활용할 수 없다. 신약 개발 과정의 핵심인 임상시험에 대해서는 이후에 좀 더 자세히 알아보도록 하자.

④ 제제 개발, 공정 개발

제제 개발은 의약품의 제형(정제, 캡슐, 주사제, 패치, 흡입제 등)과 투여 방법(정맥, 피하, 근육, 경구, 경피 등)을 개발하는 것으로, 의약품의 주성분을 안전하고 효과적으로 인체에 전달하는 데 중요하다. 잘 설계된 제제는 약물의 안정성, 흡수, 투여 용이성을 향상시킨다.

또한 품목 허가 후 시장 수요를 충족하기 위한 대량 생산이 가능하도록 시판 전에 의약품의 품질 기준과 제조 공정을 표준화 및 최적화해야 한다. 품목 허가 신청에 앞서 제조소 및 제조 규모를 결정하고 해당 시설에 필요한 공정을 확립한다. 제조소의 제조 역량과 전문성, 의약품의 수요 예측 등 요인에 따라 제조 공정별로 제조소가 다를 수도 있으며, 여러 제조소가 동일 공정을 수행할 수도 있다.

⑤ 품목 허가 신청

제약회사는 각국의 의약품 규제기관에 품목 허가 신청서를 제출한다. 이를 화학 의약품의 경우에는 NDA**New Drug Application**, 바이오 의약품의 경우에는 BLA**Biologics License Application**라고 한다. 규제기관은 의약품의 안전성, 유효성, 품질, 제조의 적합성을 검토하고, 추가로 필요한 자료를 회사에 요청한다.

규제기관이 검토하는 시간은 기관별로도, 어떤 규제 경로를 적용받는지에 따라서도 다르다. 품목 허가 신청 후 FDA 승인까지 보통 10~14개월 정도 예상하지만, 우선심사 트랙으로 진행하는 경우 6~8개월 정도로 단축될 수 있다. FDA의 신속심사제도에 대해서는 이후에 좀 더 자세히 알아보도록 하겠다.

⑥ 품목 허가 취득 및 출시

규제기관으로부터 품목 허가를 받으면 시장에서 의약품을 판매할 수 있다. 출시를 위해서는 시장 수요를 충족할 수 있도록 제조 및 공급이 원활하게 이루어져야 한다. 회사는 제품의 원활한 공급, 건강보험 등재, 기타 시장 상황을 고려해 출시 시점을 조정한다.

⑦ 시판 후 안전성 모니터링과 4상 임상시험

의약품의 안전성과 유효성은 제약회사에 법적으로 부과되는 시판 후 감시제도를 통해 실제 진료 환경에서 지속적으로 모니터링된다. 이 시스템은 유효성보다는 안전성 정보를 보다 중점적으로 다룬다. 규제기관 또한 자체적으로 안전성 정보를 수집한다.

의약품을 시판한 뒤 제약회사가 안전성과 유효성에 대한 추가 증거를 수집하고 활용하기 위해 실시하는 임상시험도 있다. 이는 대학이나 의료 전문가가 독립적으로 주도할 수도 있다. 시판 후 의약품 허가 사항 내에서 실시되는 이러한 임상시험을 '4상 임상시험'이라고 한다.

시판 후 수집된 안전성 정보는 의약품 허가 사항에 업데이트될 수 있다. 허가 전 임상시험에서 발견되지 않았던 새로운 중대한 이상반응이 나타나거나, 새롭지는 않지만 허가 전 임상시험에 비해 중대한 이상반응의 빈도가 높은 것으로 나타난다면 의약품의 시장 경쟁력이 영향을 받을 수 있다. 만일 의약품으로부터 환자가 얻는 이익보다 위험이 더 높은 것으로 판단된다면 규제기관에서 의약품 허가를 취소할 수도 있다. 사실 이러한 결과는 그 누구도 예측할 수 없다. 투자자는 투자하려는 회사가 안전성 정보를 적법하게 모

[표 3-1] 최근 10년간 주요 의약품 허가 취소 사례[31]

제품명	품목 허가 취소	국가	허가 취소 사유
인게놀 메부테이트 겔 (Ingenol mebutate gel)	2020년	유럽	피부암 위험 증가
로카세린(Lorcaserin)	2020년	미국	발암 위험 증가
라니티딘(Ranitidine)	2018년	전 세계	발암물질로 분해 가능성 있음
플루피르틴(Flupirtine)	2018년	유럽	간 독성

니터링하고 리스크를 투명하게 관리할 수 있는 경험과 역량을 가지고 있는지 살펴볼 필요가 있다.

⑧ 건강보험 등재

새로운 의약품에 대한 환자의 접근성은 적절한 공급, 가격, 건강보험 적용 범위, 의사의 처방 관행을 포함한 여러 요소의 영향을 받는다. 특히 건강보험제도는 국가별로 상이한 부분이 많고, 동일한 의약품에 대해 인지하는 경제적 가치도 국가별로 차이가 있다. 한 국가에서 건강보험으로 보장되는 의약품이 다른 국가에서는 보장되지 않을 수도 있다.

또한 식약처, FDA 같은 의약품 규제기관의 허가 사항과 건강보험 인정 기준이 항상 일치하지는 않는다. 의약품 규제기관은 의약품의 안전성과 유효성, 품질을 평가해 의약품이 시장에 출시될 수 있도록 허가하는 것이 목적인 반면, 건강보험 지불자(정부기관이나 미국 민간 보험사)는 의약품의 비용효과성과 필요성을 평가해 어떤 약물에 보험을 적용할지 결정하는 것이 목적이기 때문이다. 건강보험 지불자는 한정된 의료 예산을 효과적으로 관리하기 위해 의약품의 경제적 가치를 신중하게 평가한다. 건강보험으로 보장되지 않으면 일반적으로 환자의 본인부담금이 높아져 의약품의 선호도가 낮아진다. 건강보험 적용 여부에 따라 해당 국가에서 의약품의 판매가 큰 영향을 받는 것이다. 이에 제약회사는 각 국가에서 의약품의 건강보험 보장을 확보하기 위해 상당한 노력을 기울인다.

예를 들어 'XXX정'이라는 전문 의약품이 질환 A와 질환 B에 대해 식약처의 허가를 받았다고 가정하자. 판매사에서 1정당 2,000원의 가격으로 질환 A와 질환 B에 대해 건강보험 급여를 받고자 했다. 보험당국은 질환 A에 대해서는 비용효과성을 인정하나 질환 B에 대해서는 비용효과성을 인정하지 않을 수도 있다. 보험당국이 질환 B까지 고려했을 때 적정하다고 판단하는 가격이 1정당 1,000원이라면, 판매사는 질환 A만 보험 급여를 받고 1정당 2,000원에 판매할 것인지, 질환 A와 질환 B에 대해 보험 급여를 받으면서 1정당 1,000원에 판매할 것인지, 아니면 또 다른 근거와 논리로 보험당국과 재협상을 시도할 것인지 결정해야 한다. 이때 질환 A와 질환 B의 시장 규모, 경쟁 환경, 제품 특성, 추가 재협상 여지, 회사의 전략 등 여러 가지 요소가 고려된다.

미국은 의약품 가격이 높은 국가로 알려져 있다. [그림 3-2]를 통해 알 수 있듯, 미국 의약품 가격은 터키의 679%, 우리나라의 205%, 영국의 155% 수준이다. 정부가 건강보험을 단일하게 운영하는 우리나라와 달리, 미국에는 정부가 운영하는 공공보험(메디케어, 메디케이드 등)보다 민간보험에 가입한

[그림 3-2] 각 국가의 의약품 가격을 100으로 보았을 때 미국의 의약품 가격[32]

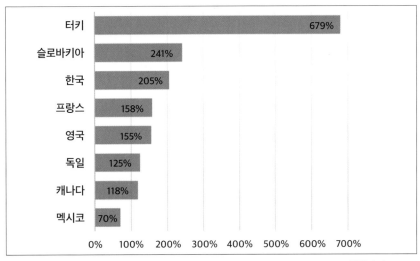

출처: forbes.com

사람이 더 많다. 높은 약가가 제약바이오 기업의 수익으로 연결되어 산업 진흥 및 연구개발 혁신의 밑거름이 된다는 측면도 있지만, 미국의 약가 시스템은 정부, 제약회사, 환자뿐 아니라 PBM 및 민간 보험사도 관여하기 때문에 약가와 제약회사의 수익 간 직접적인 상관관계를 추적하기가 상당히 복잡하다.

이와 같이 품목 허가와 보험 급여 인정은 서로 다른 기준과 프로세스를 기반으로 한다. 그로 인해 특정 약물이 품목 허가를 받았다 해도 보험 급여는 제한될 수 있으며, 이는 시장점유율과 매출에 큰 영향을 미칠 수 있다. 따라서 제약바이오 기업에 투자할 때는 품목 허가 사항과 보험 급여 인정 기준에 큰 차이가 없는지 살피는 것도 중요하다.

투자자는 신약 개발 과정에 대한 이해를 바탕으로 해당 기업의 해당 제품에 대한 비즈니스 목표가 신약 개발의 어느 단계와 연관 있는지 파악할 필요가 있다. 신약 개발을 끝까지 완수해 시장에 출시하는 것을 목표로 하는지, 전임상 또는 1상 임상시험 단계에서 라이선스 아웃 또는 개발권 이전을 목표로 하는지에 따라 투자자가 고려해야 할 사항이 크게 다르기 때문이다.

투자자 노트

- 신약 개발은 일반적으로 후보물질 발굴, 전임상시험, 임상시험, 제제 개발, 공정 개발, 품목 허가 신청 및 승인, 시판 단계로 진행된다. 의약품 개발사는 신약 개발 단계를 마음대로 단축하거나 우회할 수 없다. 결과적으로 신약 개발은 시간이 많이 걸리고 상당한 투자와 광범위한 검증 노력을 필요로 한다.
- 투자자는 해당 기업의 해당 제품에 대한 비즈니스 목표가 신약 개발의 어느 단계와 연관 있는지 파악할 필요가 있다.

미국 PBM은 무엇일까?

환자는 약국에서 처방약을 구입할 때 현금가격을 모두 지불하지 않고, 본인이 가입한 건강보험이 적용되는 금액을 제한 나머지 비용만을 지불한다. 건강보험을 통한 환자부담금 감소가 처방약에 대한 수요를 촉진하는 데 도움이 되므로, 제약회사는 처방약에 대한 건강보험이 높은 비율로 적용될 수 있도록 다각도로 노력한다. 여기까지는 나라별로 크게 다르지 않은데, 미국에는 민간 보험사, 제약회사, 도매업체, 약국, 환자 간 중개자 역할을 하는 PBM이라는 기업이 있다. 다음 세 곳이 미국 전체 처방전의 70% 이상을 처리한다.

• CVS 케어마크CVS Caremark: CVS 헬스CVS Health의 자회사
• 익스프레스 스크립트Express Scripts: 시그나Cigna의 자회사
• 옵텀RxOptumRx: 유나이티드헬스그룹UnitedHealth Group의 자회사

PBM의 가장 중요한 역할이자 권한은 처방약 목록 관리다. 처방약 목록은 보험을 적용할 처방약이 무엇인지, 보다 저렴하게 사용할 수 있는 처방약(제네릭 및 바이오시밀러, 선호 브랜드)이 무엇인지, 환자부담금은 어떤 비율로 할 것인지를 담은 데이터베이스다. PBM은 의약품을 처방약 목록에 포함시키는 대가로 제약회사와 환급 및 할인을 협상한다. 이러한 협상은 보험사가 제약회사에 지불하는 가격을 낮출 수 있으므로 처방약 비용을 통제하는 데 핵심적인 역할을 한다.

다만 비용 절감액 중 얼마나 많은 부분이 PBM이 아닌 보험사나 환자에게 전달되는지 명확하지 않다는 비판의 목소리도 있다. PBM이 제약회사로부터 더 높은 리베이트를 받기 위해 가격 인상을 조장한다는 비판도 있다. 이는 인플레이션 감소법IRA에 따라 정부로부터 메디케어 약가 인하 대상으로 선정된 처방약의 제약회사들이 국회 청문회 자리에서 높은 의약품 가격의 원인이 제약회사에만 있지 않다고 꼬집은 배경이기도 하다.

3.2 신약 허가에 필요한 자료

신약 허가를 위해서는 임상시험 자료 외에도 여러 자료가 규제기관에 제출되어야 한다. 크게 다음과 같은 세 분류의 자료가 필요하다.

① 의약품의 안전성 및 유효성에 관한 자료

우리가 뉴스에서 접하는 임상시험 결과는 의약품의 안전성과 유효성을 뒷받침하는 자료가 된다. 규제기관은 임상시험계획서와 보고서의 내용뿐 아니라 제출된 자료의 신뢰도와 정확성을 검증하기 위해 GLP, GCP 준수 여부도 함께 검토한다. GCP 검증을 위해 규제기관이 임상시험기관 실태 조사를 실시할 수도 있다.

신약 허가를 위해 외국의 임상시험 자료를 제출할 경우에는 해당 임상시험 결과를 신청 국가에 적용하는 것이 타당하다는 사실을 입증하는 추가 시험 자료 또는 과학적인 설명 자료가 필요하다. 인종, 유전적 요인, 생리적 특성에 따라 약물의 대사 및 반응이 다를 수 있으므로, 민족 간 요인의 차이에 의해 의약품의 안전성과 유효성이 영향받을 가능성을 검증하기 위함이다. 이 때문에 아무리 뛰어난 결과를 보였다 해도 중국인만 모집해 실시한 3상 임상시험 결과를 근거로 미국에서 품목 허가를 받기 어려운 것이다. 따라서 글로벌 시장 진출을 목표로 하는 신약은 3상 임상시험에 다양한 인종을 포함시키는 다국가 임상시험을 실시하는 경우가 많다.

신약 허가를 위해서는 전임상시험 자료, 임상시험 자료 전체가 규제기관에 제출되어야 한다. 반면 화학 의약품의 제네릭은 후보물질 발굴이나 전임상시험 단계가 필요하지 않고, 임상시험도 오리지널과의 생물학적 동등성을 확인하는 비교적 간단한 1상 임상시험이면 충분하다. 바이오시밀러는 전임상시험 그리고 면역원성, 안전성, 유효성을 오리지널과 비교해 치료학적 동등성을 확인하는 3상 임상시험을 실시해야 해 제네릭에 비해 개발 진입장벽이 높다.

② 의약품의 품질에 관한 자료

통상 'CMCChemistry, Manufacturing and Controls 자료'라고 한다. 약리작용을 하는 주성분은 어떤 방법으로 만들었는지(화학 합성 또는 유전자 재조합의 원료와 방법, 순도는 어떻게 보증하는지 등), 주성분 외 첨가제는 어떤 이유로 무엇을 얼마나 첨가하는지, 인체에 투여했을 때 위해 요소는 없는지, 제조 과정 및 출하 시점에 어떤 기준으로 의약품 품질을 일관되게 검증하고 관리할 것인지, 사용 기간은 제조일로부터 언제까지인지 등의 내용이 과학적으로 타당하고 규정에 적합하게 작성, 제출되어야 한다.

③ 의약품의 제조에 관한 자료

규제기관은 품목 허가를 신청한 의약품이 제조소에서 GMPGood Manufacturing Practice에 적합하게 제조되는지 검토한다. GMP 검증을 위해 규제기관이 제조소 실태 조사를 실시할 수도 있다.

주식시장의 관심은 주로 의약품의 임상시험 결과에 모아지지만, **실제 의약품 허가를 위해서는 상기 세 가지 자료 '모두' 규제기관의 엄중한 검토를 통과해야 한다.** 일부 임상시험 자료를 면제받거나 임상시험의 중간 평가 결과를 근거로 품목 허가가 가능한 경우도 있지만, 품질이나 제조에 관한 자료는 제품 품질, 불순물 같은 인체 위해와 직결되므로 매우 엄격하게 검토된다. 그에 따라 허가를 위해 규제기관에 제출되는 문서의 개수는 수백 개가 넘는다. 의약품이 환자의 안전과 건강에 미치는 중대한 영향을 고려할 때, 제출된 자료 어느 하나라도 규제기관의 엄격한 기준을 충족시키지 못하면 의약품 승인이 거절될 수도 있다.

따라서 **성공적인 의약품 개발에는 임상 개발뿐 아니라 의약품을 제품화하고 제조시설을 관리하고 규제기관과 효과적으로 협의하는 제약바이오 회사의 능력이 필수적이다. 임상시험 데이터 외에는 외부에 공개되지 않는 사항들이지만 품목 허가를 확보하는 데 중요하다. 투자자는 회사의 과거 이력, 책임자의 이력을 바탕으로 품질 관리, 제조시설 관리, 규제기관과의 소통 부분에서 회사의 숙련도와 역량을 반드시 파악해야 한다.**

규제기관의 결정은 주가에 큰 영향을 미칠 수 있다. 신제품 허가는 회사의 수익 가능성과 연결되므로 주가 상승으로 이어질 수 있는 호재다. 그러나 앞서 발표된 임상시험 결과를 근거로 시장이 이미 품목 허가에 대한 기대를 주가에 반영했다면 정작 품목 허가 승인 시 주가가 변동이 없거나 오히려 재료 소멸로 하락할 수도 있다.

임상시험 자료에는 문제가 없지만 간혹 의약품의 품질 또는 제조 이슈로 규제기관의 허가가 지연 또는 거절되는 경우가 있다. 이는 시장이 예상하지 못한 악재로 작용해 주가가 급락할 수도 있다. 회사가 이러한 문제를 시장에 투명하게 전달하고 효과적으로 해결하는 것은 주식투자의 성과에 중요한 역할을 한다. 문제를 해결하고 향후 승인을 확보하는 회사의 능력에 대한 시장의 신뢰가 궁극적으로 주가의 회복 잠재력을 결정한다.

3.3 의약품 신속심사제도

신속심사제도를 이해하는 것은 투자 전략을 더욱 정교하게 수립하고, 기업의 잠재력을 정확하게 평가하며, 시장 변화에 대한 대응 능력을 높이는 데 큰 도움이 된다. 지금부터 신약의 유망도, 허가 가능성, 허가 타임라인 예측에 유용한 의약품 신속심사제도에 대해 알아보도록 하자.

신약 허가에 필요한 임상시험 자료는 통상 1상, 2상, 3상 임상시험 자료다. 그런데 새로운 치료법 도입이 시급해 오랜 시간이 걸리는 3상 임상시험 과정을 기다릴 수 없는 경우에 대비해 각국 규제기관은 신약 품목 허가를 보다 신속하게 처리할 수 있는 규정을 갖추고 있다. 규제기관은 이러한 시스템을 통해 일부 허가 자료 제출을 유예 또는 면제할 수 있으며, 중요한 의약품이 신속하게 개발되어 출시될 수 있도록 해당 개발사에 보다 집중적인 컨설팅을 제공하기도 한다.

미국 FDA는 시급한 의학적 요구를 해결하기 위해 여러 가지 신속심사제도를 운영하고 있다. 패스트트랙Fast track 지정, 획기적 치료제 지정Breakthrough Therapy Designation, BTD, 우선심사Priority review, 가속승인Accelerated approval이 바로 그것이다. 특정 기업이 신속심사제도 관련 지정을 받았다는 소식은 해당 신약이 의료적 수요와 시장의 기대를 충족할 가능성이 크다는 긍정적인 신호로 해석될 수 있다. 이를 통해 투자자는 신약 개발 성공 가능성이 높은 기업을 더욱 잘 파악할 수 있다. 각 제도의 지정 기준과 의미를 이해해 시기적절한 품목 허가 및 상업적 성공의 가능성을 평가하는 데 활용하자.

[표 3-2] FDA의 주요 신속심사 프로그램[33, 34]

	패스트트랙 지정	획기적 치료제 지정	우선심사	가속승인
적용 기준	다음 중 한 가지를 충족하는 경우 • 심각한 질환에 대한 치료제이면서, 의학적 미충족 수요를 충족할 수 있는 잠재력을 전임상 또는 임상 자료로 보여준 약물 • 지정 감염병 제품으로 지정된 약물	심각한 질환에 대한 치료제이면서, 임상적으로 중요한 지표에 대해 기존 치료법보다 상당한 개선을 보이는 예비적 임상시험 증거가 있는 약물	다음 중 한 가지를 충족하는 경우 • 심각한 질환에 대한 치료제이면서, 허가 시 안전성 또는 유효성에 중대한 개선을 제공할 것으로 예상되는 약물 • 소아 대상 임상시험 결과를 근거로 허가 변경을 신청하는 경우 • 지정 감염병 제품으로 지정된 약물 • 우선심사 바우처를 이용해 신청하는 경우	심각한 질환에 대한 치료제이면서, 기존 치료법보다 의미 있는 이점을 제공하고, 임상적 이익을 대변할 수 있는 대리평가변수에 대해 효과를 보인 약물
신청 시기	신약 개발 과정 모든 시점에 지정 신청 가능	• 예비 임상시험 자료가 확보된 시점부터 지정 신청 가능 • FDA에서는 2상 임상시험 종료 회의 전 신청을 권고	• 품목 허가 신청서 제출 시 지정 신청 • 신청자의 지정 신청 없이도 FDA 심사자의 판단에 따라 지정 가능	• 별도의 지정 신청 불필요 • 품목 허가 사전회의 시 신속심사 진행 여부 논의 가능
혜택	신약 개발과 검토의 가속화 및 허가 자료 순차 심사	패스트트랙 혜택과 더불어 효율적인 신약 개발을 위한 FDA의 전폭적 지원	FDA 검토 기간 단축	임상적 이익 지표가 아닌 대리변수를 근거로 한 허가

출처: 미국 FDA

희귀의약품지정제도란?

각국 규제기관은 환자 수가 많지 않은 희귀 질환에 대한 치료제 개발을 독려하기 위해 희귀의약품지정제도를 도입하고 있다. '희귀 질환 지정'과는 다른 제도이니 유의하기 바란다. 희귀 의약품 지정 시 개발사는 세제 혜택을 받을 수 있고, 품목 허가 심사 수수료 면제, 품목 허가 후 자료독점권 연장 등 다양한 혜택이 주어진다. 상세한 지정 기준은 나라마다 조금씩 다르다. 미국 FDA의 희귀 의약품 지정은 해당 질환이 얼마나 희귀한지(환자 수), 임상시험을 제대로 설계해 개발을 진행할 것인지(임상시험계획서)를 근거로 한다.

FDA 희귀 의약품 지정 사실은 의약품 개발 성공을 담보하지 않을 뿐만 아니라, 다른 신속심사제도에 비해 즉각적인 주가 영향이 부족하다. 따라서 희귀의약품지정제도를 다른 신속심사제도와 혼동하지 않도록 주의해야 한다.

① 패스트트랙 지정

패스트트랙 지정은 1997년 FDA 현대화법**FDA Modernization Act**에 의해 도입되었다. 개발사가 FDA에 개발 단계 약물이 특정 질환을 치료하는 데 필요한 새로운 치료법임을 입증하는 초기 임상 자료나 전임상 자료를 제출하면 신청 가능하다. 패스트트랙 지정을 받으면 의약품 개발 과정에서 FDA와 보다 빈번한 논의 기회를 가질 수 있다. 이러한 상호작용은 신약 개발이 더욱 원활하게 진행되도록 지원할 뿐만 아니라 이후 다른 신속심사 프로그램에 지정될 가능성도 높여준다.

스크리닝된 신약 후보물질의 약 1%만이 전임상 단계에서 임상시험 단계로 진행된다고 한다. **패스트트랙 지정은 해당 약물이 그 바늘구멍을 통과했고, 치료제 개발이 시급한 질환에 대한 의약품 후보로서 잠재력이 있음을**

FDA로부터 인정받았으며, 향후 개발 과정에서 FDA로부터 여러 가지 혜택을 받는다는 의미가 있다. 특히 소규모 바이오테크의 경우, 패스트트랙 지정 사실이 기업 가치에 상당한 영향을 미친다. 아직 임상시험에 돌입하지 않은 전임상 단계 약물로 파이프라인이 구성된 경우가 많기 때문이다.

2019년 6월부터 2020년 6월까지 패스트트랙 지정을 받은 25개 바이오테크의 주가를 살펴본 연구[35]에 따르면, 패스트트랙 지정은 바이오테크의 주가에 장단기적으로 긍정적인 영향을 미치는 것으로 나타났다. 일례로 솔리드 바이오사이언스Solid Biosciences, SLDB가 듀시엔형 근이영양증Duchenne Muscular Dstrophy, DMD 치료제 SGT-003에 대해 전임상시험 자료를 근거로 2023년 12월 7일 FDA 패스트트랙 지정을 받았는데, 당일 주가가 68.4% 상승했다.

다만 투자자는 **패스트트랙 지정이 해당 의약품의 임상시험 성공이나 품목 허가와 반드시 연결되는 건 아니라는 사실을 유의해야 한다.** 패스트트랙 지정부터 품목 허가까지는 5~10년이 걸릴 수 있어 품목 허가 후 수익화까지

[그림 3-3] 솔리드 바이오사이언스의 일봉 차트(2023년 12월 전후)

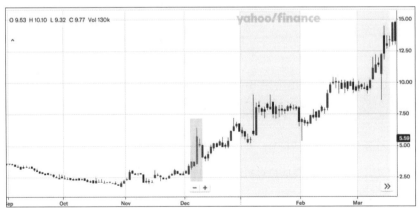

출처: Yahoo Finance

많은 시간을 기다려야 한다. 신약 개발 과정에서 인수합병이나 라이선스 아웃을 통해 개발 권리가 다른 기업에 넘어갈 수도 있다. 무엇보다 초기 개발 단계에서는 앞으로 헤쳐 나갈 1상, 2상, 3상 임상시험 성공 가능성에 대한 불확실성이 높다. **2021년 자료에 따르면, 패스트트랙 지정 약물 중 3분의 1이 개발이 중단되거나 시장에서 사라졌으며, 품목 허가까지 이어진 약물은 20%에 불과했다고 한다.**[36]

따라서 패스트트랙 지정이 긍정적인 지표이기는 하지만, 투자자는 기업의 기술력, 파이프라인의 다양성과 개발 단계, 재무건전성, 경영 성과 등 전반적인 가치를 균형 있게 검토해야 한다. 패스트트랙 지정 소식은 자칫 시장의 기대를 부풀려 주가가 과대평가되게 할 수 있다는 사실을 염두에 두자.

② 획기적 치료제 지정

획기적 치료제 지정은 2012년 FDA 안전 및 혁신법**FDA Safety and Innovation Act**에 의해 도입되었다. 개발사는 약물이 심각한 질환에 대해 기존 치료법보다 상당한 개선을 보일 것으로 예상되는 초기 임상 증거(보통 1상 또는 2상 임상시험 자료)를 보여주는 경우, FDA에 획기적 치료제 지정을 신청할 수 있다. 획기적 치료제 지정을 받으면 개발사가 FDA와 논의할 수 있는 기회와 이후에 소개할 우선심사를 거의 무조건 적용받을 수 있는 혜택이 주어진다. FDA는 제도 시행 이래 2024년 6월 30일까지 획기적 치료제 지정 신청 1,516건을 접수했으며, 그중 587건을 획기적 치료제로 지정했다.[37] 그동안 FDA로부터 획기적 치료제 지정을 받은 의약품 리스트[38]를 보면 암, 알츠하이머, 말라리아 감염, 아토피, 에이즈 같은 질환이 주를 이룬다.

[표 3-3] 2024년 획기적 치료제 지정 리스트

약물명	신청사	대상 질환
아타시셉트 (Atacicept)	베라 테라퓨틱스 (Vera Therapeutics)	IgA 신증(IgAN)
이나볼리십(Inavolisib), 팔보시클립(Palbociclib), 풀베스트란트(Fulvestrant)	로슈(Roche)	PIK3CA 변이 유방암
라수코스테롤 (Larsucosterol)	듀렉트 코퍼레이션 (DURECT Corporation)	중증의 알코올 관련 간염(AH) 및 급성 알코올 관련 간 질환(ALD)
NVL-655	뉴베일런트(Nuvalent)	두 가지 이상의 ALK 티로신 키나제 억제제(TKI)로 치료받은 국소 진행성 또는 전이성 ALK 양성 비소세포폐암 (NSCLC)
델파시바르트 에테데시란 (Delpacibart Etedesiran)	어비디티 바이오사이언스 (Avidity Biosciences)	제1형 근육긴장성 이영양증(DM1)
페토셈타맙 (Petosemtamab)	메루스(Merus)	백금 기반 화학 요법과 PD-L1/PD-1 억제제로 치료 후 질병이 진행된 재 발성 또는 전이성 두경부 편평세포암 (HNSCC)
애시미닙 (Asciminib)	노바티스(Novartis)	새로 진단된 필라델피아 염색체 양성 만성골수성백혈병(Ph+ CML-CP)
트라스투주맙데룩스테칸 (Trastuzumab deruxtecan)	아스트라제네카 (AstraZeneca), 다이이찌산쿄 (Daiichi Sankyo Co.)	이전에 치료받은 이력이 있는 전이성 HER2 양성 고형암
디아족사이드 콜린 (Diazoxide Choline)	솔레노 테라퓨틱스 (Soleno Therapeutics)	유전적으로 확인된 프라더-윌리 증 후군(PWS)을 가진 환자 중 과식증이 있는 환자
마보릭사포르 (Mavorixafor)	X4 파마슈티컬스 (X4 Pharmaceuticals)	WHIM 증후군(사마귀, 저감마글로불 린혈증, 감염, 골수이행장애)
피다나코진 엘라파보벡 (Fidanacogene elaparvovec)	화이자(Pfizer)	성인 혈우병 B 환자
노가펜데킨 알파 인바키셉트 (Nogapendekin alfa inbakicept)	이뮤니티바이오 (Immunity Bio)	BCG에 반응하지 않는 비근육침윤성 방광암

지프토메닙 (Ziftomenib)	쿠라 온콜로지 (Kura Oncology Inc.)	재발성/불응성 NPM1 변이 급성 골수성 백혈병(AML)
라이서지드 d-타트레이트 (Lysergide d-tartrate)	마인드 메디슨 (Mind Medicine)	범불안장애(GAD)
소타터셉트 (Sotatercept)	머크 (Merck)	성인 폐동맥고혈압(PAH)
니포칼리맙 (Nipocalimab)	존슨앤존슨 (J&J)	중증 태아 및 신생아 용혈성 질환(HDFN)
CYB003	사이빈(Cybin)	주요우울장애(MDD)
라토지네맙 (Latozinemab)	알렉터 (Alector Inc.)	프로그라눌린 유전자 돌연변이로 인한 전측두엽 치매(FTD-GRN)
BAY 2927088	바이엘(Bayer)	HER2 변이 양성인, 절제 불가능하거나 전이성 비소세포폐암(NSCLC)
크레토스티모겐 그레나데노렙벡 (Cretostimogene Grenadenorepvec)	CG 온콜로지 (CG Oncology)	고위험 BCG-비반응성 비근육침윤성 방광암 환자 중 제자리암종(CIS)을 동반하거나 동반하지 않은 Ta 또는 T1 종양
PF614-MPAR	엔시스 바이오사이언시스 (Ensysce Biosciences)	진통제(처방된 용량에서 최적의 통증 완화를 제공하면서, 과다 복용 시 오피오이드 방출 차단)
212Pb-DOTAMTATE	라디오메딕스 (RadioMedix)	이전에 펩타이드 수용체 방사성 리간드 치료(PRRT)를 받지 않은, 절제 불가능하거나 전이성 진행성 소마토스타틴 수용체(SSTR) 발현을 보이는 위장관 췌장 신경내분비 종양(GEP-NET)

출처: 미국 FDA

    개발사는 획기적 치료제 지정을 신청할 만큼 긍정적인 임상시험 자료를 얻는 경우 특별한 내부 사유가 있지 않는 한 보도자료, 학회 발표를 통해 빠른 시일 내에 주요 결과를 시장에 공개한다. 즉 획기적 치료제 지정에 앞서 해당 임상시험의 긍정적 결과가 주가에 반영되는 경우가 많다. 획기적 치료제 지정 사실은 개발사와 시장이 기대하는 약물의 잠재적인 가치를 FDA 역시 인정한 것으로 받아들이면 된다.

획기적 치료제 지정은 패스트트랙 지정에 필요한 것보다 좀 더 진전된 임상시험 자료를 FDA가 검토하고 지정하는 것이므로 품목 허가와 출시에 좀 더 가까워진 시점에 이루어진다. 즉 획기적 치료제 지정은 FDA 품목 허가 가능성을 보다 현실적으로 나타낸다고 볼 수 있다. 2021년 자료에 따르면, 획기적 치료제 지정을 받은 약물 중 개발이 중단되거나 취소된 약물은 10% 미만이었다.[39] 따라서 획기적 치료제 지정을 받으면 약물의 품목 허가 및 시점에 대한 예측 가능성이 높아진다고 할 수 있다. 예를 들어 2상 임상시험 자료를 근거로 획기적 치료제 지정을 받았는데, 3상 임상시험 자료를 품목 허가 이후에 생성하는 것으로 유예받을 수 있는 경우(이후 '가속승인' 참고), 회사가 품목 허가를 신청하고 6~10개월 내에 품목 허가를 받는 시나리오가 가능하며, 이 부분 역시 주식 밸류에이션에 미리 반영될 수 있다.

어떠한 약물의 획기적 치료제 지정 소식을 접한다면 회사의 품목 허가 신청 일정을 확인해 투자 시 참고하도록 하자. 다만 품목 허가 신청을 위해서는 임상시험 자료뿐 아니라 품질, 제조에 관한 방대한 자료가 필요하므로 개발사의 준비 상황 및 내부 요인에 따라 품목 허가 신청 일정이 변경될 수도 있다.

2013년부터 2015년까지 획기적 치료제 지정을 받은 74개 기업의 주가 동향을 살펴본 연구[40]에 따르면, 획기적 치료제 지정 발표로부터 3일간 주가가 평균 2.2% 상승한 것으로 나타났다. **시판 중인 제품이 없는 소규모 바이오테크의 주가 상승은 더욱 두드러졌다.** 이들 기업들의 획기적 치료제 지정 소식은 위험 대비 보상 증가, 성장 잠재력의 가속화로 해석될 수 있기 때문이다.

2017년부터 2022년까지 획기적 치료제 지정을 받은 29개 회사의 주가 변동을 조사한 또 다른 연구[41] 역시 획기적 치료제 지정 사실이 단기적으로는 주가 상승을 견인한다고 밝혔다. **그러나 획기적 치료제 지정 사실만으로 전체 시장을 상회하는 장기적인 주가 상승은 보여주지 못하는 것으로 보고했다.** 이는 획기적 치료제 지정으로 인한 단기적인 가치 평가 상승을 추가 마일스톤이나 새로운 임상 데이터와 연계할 수 있도록 기업의 전략적 접근이 중요하다는 사실을 보여준다. **투자자는 기업이 획기적 치료제 지정으로 인한 주가 상승 모멘텀을 어떻게 계속 구축해 나갈 것인지 검토해볼 필요가 있다.**

③ 우선심사

개발사는 약물이 기존 치료법에 비해 안전성 또는 유효성에 상당한 개선을 보이는 것으로 인정되는 경우, FDA에 신약 허가 신청서**NDA, BLA**를 제출하면서 우선심사를 요청할 수 있다. 우선심사는 FDA의 허가 신청서 심사 기간을 4개월가량 단축시키는 제도다. 시오니 바스케즈**Seoane-Vazquez**의 연구[42]에 따르면, 2012~2022년 신약 허가 신청서에 대한 FDA의 평균 심사 기간은 일반심사 시 약 12개월, 우선심사 시 약 8개월이었다(FDA는 검토 기간 6개월을 목표로 하고 있으나, 다양한 변수가 영향을 미칠 수 있다). 우선심사 대상이 되었다고 해서 FDA 승인을 보장하는 것은 아니지만, FDA 심사 기간이 단축됨으로써 제품의 시장 진입이 빨라지고 경쟁 우위를 확보할 수 있다.

우선심사가 주가에 미치는 영향은 다양하다. 시장 출시 가속화에 대한 기대로 주가가 상승하기도 하지만, 회사의 파이프라인에 여러 제품이 있거나, 우선심사 가능성이 주가에 선반영되었거나, 기존 시장의 경쟁이 치열한 경우에는 주가 상승 효과가 크지 않을 수 있다.

우선심사 바우처란?

FDA는 희귀 질환 치료제 개발을 장려하기 위해 희귀 질환 치료제를 개발해 허가를 받은 회사에 다음 기회에 쓸 수 있는 우선심사 바우처를 수여한다. 우선심사 바우처는 향후 허가 신청 시 사용되거나 다른 회사에 판매될 수 있으며, 시장에서 약 1억 달러[43]에 거래된다고 한다. 품목 허가를 곧 신청할 후속 파이프라인이 없는 소규모 바이오테크의 경우 바우처 판매는 현금 유동성을 제공하는 수단이 된다.

④ 가속승인

기존에 효과적인 치료법이 없는 등 의학적 미충족 수요가 큰 질환의 경우, 의약품을 시장에 신속하게 도입하는 것이 중요하다. 이에 3상 임상시험 자료 제출을 품목 허가 이후로 유예해주는 제도가 있는데, 이를 '가속승인제도'라 한다. 3상 임상시험 자료 없이도 품목 허가가 가능해 신약이 시장에 출시되는 기간이 단축된다는 의미에서 '가속accelerated'이다.

예를 들어 고형암 치료제에 대해 반응률을 1차 유효성 평가변수로 한 2상 임상시험 자료를 근거로 시판 허가를 해주면서, 전체생존기간Overall Survival, OS을 1차 유효성 평가변수로 한 3상 임상시험 자료 제출을 허가 조건으로 부여한다. 회사는 품목 허가 후 허가 조건에 명시된 3상 임상시험 자료를 징해진 기간까지 제출해야 한다. 이와 같이 품목허가 유지를 위해 이행해야 할 조건이 있는 경우 '조건부 허가conditional approval'을 받았다고 말한다.

FDA는 가속승인 시 적응증에 다음과 같이 가속승인 사실을 설명한다. 이후 3상 임상시험 결과 적응증이 확정되면 해당 문구는 삭제된다.

This indication is approved under accelerated approval based on overall response rate and duration of response. Continued approval for this indication may be contingent upon verification and description of clinical benefit in the confirmatory trials.

본 적응증은 전체 반응률과 반응 지속 기간에 근거해 가속승인되었습니다. 본 적응증에 대한 지속적인 승인은 치료적 확증 임상시험을 통한 임상적 이익의 검증 및 설명에 달려 있습니다.

3상 임상시험 결과 의약품의 안전성과 유효성이 확증되면 조건부 허가가 아닌 일반 허가로 전환된다. 반면 가속승인 후 제출한 3상 임상시험 자료에서 의약품의 안전성과 유효성이 확증되지 못하면 품목 허가 취소도 가능하다. 한편 가속승인 시 대상 질환의 특성과 희귀성 등을 고려해 3상 임상시험 실시가 불가능한 것으로 합리적으로 인정되는 경우, 3상 임상시험 자료 제출이 요구되지 않는 경우도 간혹 있다.

2013년부터 2023년까지 FDA로부터 가속승인을 받은 129개 항암제 적응증을 추적한 연구[46]에 따르면, 이 중 18개 적응증이 결국 허가가 철회되었다. 각 사례에 대한 고찰 없이 집계 숫자만으로 제도의 실효성을 판단하는 건 무리가 있지만, 일각에서 가속승인제도를 둘러싼 회의의 목소리가 있는 것도 사실이다. FDA의 규제 방향이 전 세계 규제기관에 미치는 영향이 상당하므로, 가속승인제도의 장단점을 고려한 FDA 정책 변화를 지켜볼 필요가 있다. 가속승인의 문턱이 보다 높아지면, 3상 임상시험을 수행하고 결과를 분석하는 데 필요한 시간만큼 신약의 시장 출시가 지연될 것이다.

개발 중인 약물이 가속승인 대상이 되면 제품의 상업화 시점이 3상 임상 시험에 소요되는 기간만큼 크게 앞당겨지므로 투자자에게 중요한 정보가 된다. 기존에 효과적인 치료법이 없거나 그밖에 의학적 미충족 수요가 큰 질환에 대한 신약이 파이프라인에 있는 경우, 회사의 실적 보고나 보도자료를 통해 임상 개발 전략을 면밀히 모니터링함으로써 제품의 상업화 시점을 좀 더 정확하게 예측할 수 있다.

 **항암제의 임상 개발 전략 엿보기**

암의 가장 큰 의학적 미충족 수요는 결국 암으로 인해 사망하는 환자가 많다는 점에 기인한다. 따라서 항암제 신약은 기존 치료제보다 환자의 OS, 즉 전체생존기간을 연장시키는 것이 가장 중요하다. OS 결과는 오랜 추적관찰 기간이 필요한 3상 임상시험을 통해 입증될 수 있는데, 임상시험 소요 기간이 상당히 길어질 수 있다.

3상 임상시험 결과를 기다리기에는 치료제 도입이 시급하다고 인정되는 경우, 2상 임상시험을 통해 무진행생존기간Progression Free Survival, PFS이나 객관적 반응률 Objective Response Rate, ORR 같은 대리평가변수 개선을 입증하면 규제기관의 조건부 허가가 가능한데, 이것이 바로 가속승인이다. 항암제의 도입이 시급한 경우라 함은 보통 기존 치료제에 반응하지 않거나 기존 치료제 투여 후 진행되어 더 이상 사용할 수 있는 치료제가 없는 상태. 이를 적응증으로 해 2상 임상시험 자료를 근거로 조건부 허가를 받고, 이후 3상 임상시험을 통해 기존 치료제와 비교하여 OS 개선을 입증하고, 약물의 사용 순서를 점점 앞쪽으로 당기는 전략이 흔히 사용된다.

환자에게 효과가 좋은 약을 먼저 투여하는 것은 일단 윤리적으로 당연하다. 의약품 판매량 관점에서 보면, 약물의 사용 순서를 앞당길수록 대상 환자 수가 더 많다는 점, 앞선 항암제에 실패한 환자보다 전반적으로 건강 상태가 양호하다는 점, 그래서 약물을 좀 더 오래 사용할 수 있다는 점 등에서 유리하다.

미국 머크의 키트루다(펨브롤리주맙)는 2014년 9월 4일 FDA로부터 처음 품목 허가를 받았다. 최초 적응증은 '이필리무맙 치료 후 진행된, 절제 불가능하거나 전이성 흑색종'이었다. 이필리무맙에 실패하고 더 이상 사용할 수 있는 치료제가 없는 흑색종 환자에 대한 2상 임상시험에서 ORR 개선을 보여 가속승인이 가능했다.

머크는 이필리무맙을 투여받은 적이 없는, 절제 불가능하거나 전이성 흑색종 환자를 대상으로 펨브롤리주맙과 이필리주맙을 비교하는 3상 임상시험을 실시했고, 펨브롤리주맙이 전체생존기간 및 무진행생존기간을 이필리무맙보다 통계적으로 유의하게 개선시킨다는 사실을 입증했다. 또한 이필리무맙에 반응하지 않는, 절제 불가능하거나 전이성 흑색종 환자를 대상으로 펨브롤리주맙과 항암 화학 요법을 비교하는 임상시험을 실시해 펨브롤리주맙이 무진행생존기간을 통계적으로 유의하게 연장시킨다는 사실을 확인했다. 2015년 12월 18일 펨브롤리주맙은 절제 불가능하거나 전이성 흑색종에 1차 치료제로 일반 승인을 받았다.

이와 같이 개발이 진행되어 적응증이 변경될 수도 있으므로 회사의 임상 개발 계획에도 관심을 가질 필요가 있다.

 투자자 노트

- 미국 FDA는 시급한 의학적 요구를 해결하기 위해 여러 가지 신속심사제도를 운영하고 있다. 각 제도의 지정 기준과 의미를 이해하면, 시기적절한 품목 허가 및 상업적 성공 가능성을 평가하는 데 도움이 된다.

- 획기적 치료제 지정은 투자자 관점에서 신약의 품목 허가 가능성 및 시점에 대한 예측 가능성을 높인다.

- 우선심사 대상으로 선정되었다는 건 기존 치료법에 비해 안전성 또는 유효성이 상당히 개선된 치료법임을 FDA가 인정한다는 것으로, 해당 신약의 잠재적인 시장 경쟁력을 엿볼 수 있다.

- 가속승인은 3상 임상시험 완료 이전에 품목 허가가 가능하도록 해 상업화 시점을 획기적으로 앞당겨준다. 개발 중인 신약이 기존에 효과적인 치료법이 없는 등 의학적 미충족 수요가 큰 질환을 대상으로 한다면 가속승인 대상이 될 수도 있으므로 회사의 업데이트를 면밀히 살펴볼 필요가 있다.

3.4 규제기관의 허가 지연 또는 거절

규제기관의 품목 허가는 의약품의 상업화 여부를 결정하는 중대한 사건이다. 허가는 신청 자료의 총점이 일정 점수 이상이면 받아들여지는 것이 아니다. 제출 자료 중 어느 한 가지라도 규정과 규제기관의 눈높이를 충족시키지 못하면 허가가 불가능하다.

2010년부터 2023년까지 신약 개발을 위한 임상시험 성공률에 대한 업계 평균 집계[45]에 따르면, 품목 허가 신청 후 실제로 허가를 얻을 확률은 81%로 나타났다. 임상시험 성공률에 비해 품목 허가 승인의 확률이 훨씬 높기에, 3상 임상시험 성공 시 품목 허가 가능성도 주가에 함께 반영되는 경향이 있다. 따라서 예상하지 못한 허가 지연 또는 거절은 제약바이오 기업의 가치 평가에 상당한 영향을 미칠 수 있다. 예상하지 못한 허가 지연 또는 거절은 다양한 이유로 발생할 수 있다.

- **안전성 우려:** 규제기관은 전임상시험 자료, 임상시험 자료, 이상반응 보고서를 근거로 의약품의 장기적 안전성에 대한 우려를 제기할 수 있다.
- **유효성 부족:** 규제기관은 대상 질환의 치료 또는 예방 효과, 즉 의약품의 유효성에 대해 과학적으로 충분한 증거가 부족한 것으로 판단하여 치료적 이점에 대한 우려를 제기할 수 있다.
- **품질 관리 결함:** 의약품 제조 과정에서의 문제, 제조소의 GMP 위반 등은 의약품 품질의 일관성에 대한 우려를 불러일으킨다.
- **불충분하거나 정확하지 않은 데이터:** 허가 신청서 데이터가 불충분하거나 오해의 소지가 있다면 규제기관은 신청사에 추가 정보를 요청할 수 있으며, 이로 인해 허가가

지연될 수 있다. 제출된 추가 정보가 불충분하다면 허가가 거절될 수도 있다.

　　신약 허가의 지연 또는 거절과 같은 예상치 못한 규제적 장애가 발표되면, 회사의 주가는 일반적으로 즉각 하락한다. 이러한 하락은 회사의 전망, 미래 수익, 새로운 의약품의 성공적인 상업화 능력에 대한 투자자의 우려를 반영한다. 주가 하락의 폭은 해당 의약품이 회사의 전체 가치에서 차지하는 위상에 따라 달라진다. 투자자는 규제기관 허가의 지연 또는 거절 소식을 접하면 규제 리스크의 심각성을 파악하고 최종적인 허가 가능성이 어떤지, 회사가 어떻게 대응하고 있는지 면밀히 모니터링해야 한다.

　　기업은 최종 임상시험 단계와 규제 승인 과정 전반에 걸쳐 시장의 기대를 적극적으로 관리해야 한다. 긍정적인 임상시험 결과가 투자자들 사이에 기대를 일으킬 수 있지만, 잠재적인 위험과 불확실성에 대해서도 신중하고 투명하게 공개하고 해결하는 것이 중요하다. 규제 일정, 발생할 수 있는 과제나 차질에 대해 명확하게 소통하면 투자 심리를 안정시키고 주가 변동성을 완화하는 데 도움이 된다.

🌱 투자자 노트

- 품목 허가의 지연 또는 거절은 약물에 대한 안전성 우려, 유효성 부족, 품질 관리 결함 등의 사유로 발생할 수 있다.
- 품목 허가는 의약품의 상업화 경로를 결정하는 중대한 사건이므로, 예상하지 못한 허가 지연 또는 거절은 제약바이오 기업의 가치 평가에 상당한 영향을 미칠 수 있다.

품목 허가 취소와 주식 거래정지

규제기관이 품목 허가를 취소하면 해당 기업의 가치가 급락하는 경우가 많다. 특히 단일 제품에 대한 의존도가 높은 바이오테크의 경우 품목 허가 취소는 기업의 존폐를 위협하는 요소가 될 수 있다. 지금부터 소개할 코오롱티슈진의 사례는 규제기관의 품목 허가 취소 결정이 투자자들에게 미치는 영향을 단적으로 보여준다.

코오롱티슈진은 골관절염 치료제 '인보사'로 시장의 큰 기대를 받았던 기업이다. 2017년 식약처로부터 조건부 품목 허가를 받아 국내 판매를 시작하면서 주가가 급등했다. 그러나 2019년 인보사의 2액 성분이 허가 신청서 기재 사항과 달리 신장유래세포(GP2-293)로 밝혀지면서 문제가 발생했고, 그로 인해 2019년 3월 말부터 2개월간 주가가 약 75% 하락했다. 결국 2019년 5월 28일 식약처는 품목 허가를 취소했으며, 한국거래소는 코오롱티슈진을 상장적격성 실질 심사 대상으로 지정하고 주식 거래를 중지시켰다.

그 후 코오롱티슈진은 미국 3상 임상시험 재개 및 경영 정상화를 위한 노력을 기울

[그림 3-4] 코오롱티슈진의 주봉 차트

출처: Yahoo Finance

였다. 그 결과 2022년 10월 24일 한국거래소 시장위원회와 기업심사위원회에서 상장 유지가 결정되었고, 2022년 10월 25일 주식 거래가 재개되었다. 2025년 3월 기준, 코오롱티슈진은 FDA 품목 허가를 목표로 골관절염 환자를 대상으로 미국 3상 임상시험을 진행하고 있다. 2026년 연말까지 데이터 분석을 마칠 계획이다.

3년 5개월이라는 주식 거래정지 기간 동안 투자자들은 자금을 회수할 기회를 잃었다. 코오롱티슈진의 사례는 제약바이오투자를 할 때 규제 리스크를 간과해서는 안된다는 점을 명확히 보여준다. 따라서 투자자들은 신약의 기술력 뿐만 아니라 규제 준수 여부, 임상 이후 지속적인 관리 역량까지 고려해야 한다. 또한 신중한 분산투자가 필요하다는 사실을 잊지 말자.

임상시험은 의약품의 안전성과 유효성, 잠재적 가치를 입증하는 중요한 단계로, 신약 개발 과정의 핵심이다. 임상시험은 여러 단계를 거쳐 진행되며, 각 단계는 인체에 대한 약물의 효과, 투여량, 부작용, 전반적인 이익-위험 비율risk-benefit ratio을 알아보기 위해 설계된다. 임상시험의 엄격한 구조는 엄격한 기준을 충족하는 약물만이 시장에 출시될 수 있도록 보장하는 장치가 된다.

투자자가 임상시험 계획과 결과를 이해하고 평가하는 것은 무척이나 중요하다. 적절한 종료점, 환자 모집단, 통계 방법 선택을 포함한 적절한 시험 설계는 의약품의 개발 결과와 성공 여부에 큰 영향을 미치기 때문이다. 또한 통계적 유의성, 잠재적인 시장 영향, 경쟁적 포지셔닝을 고려해 임상시험 결과를 정확하게 해석하면 투자와 관련된 잠재적인 성공이나 위험에 대한 귀중한 통찰을 얻을 수 있다.

4.1 임상시험의 분류

임상시험의 분류는 매우 다양하다. 투자자 입장에서 1상 임상시험, 2상 임상시험, 3상 임상시험, 4상 임상시험으로 이해해도 큰 무리는 없다.

1상 임상시험은 약물의 안전성과 적정 용량, 약물의 기타 주요 특성에 대한 평가에 중점을 둔다. 주로 건강인을 대상으로 하지만, 질환 특성에 따라 환자를 대상으로 1상 임상시험을 하는 경우도 있다. 2상 임상시험에서는 환자를 대상으로 약물의 안전성과 유효성을 평가한다. 이러한 초기 단계 임상시험은 대조군이 없는 단일군 연구인 경우가 대부분이다. 약물이 2상 임상시험을 성공적으로 완료하면, 보다 많은 환자를 대상으로 약물의 안전성과 유효성을 검증하는 3상 임상시험을 실시한다. 각 단계의 임상시험을 한 번씩만 하는 것은 아니다. 3상 임상시험 중에도 추가적인 1상, 2상 임상시험을 진행할 수 있다. 개발사는 임상 개발 계획을 수립하여 일정과 자원을 효율적으로 배분해 임상시험들을 진행한다.

어떤 임상시험이 위약placebo(약리 활성 성분을 포함하고 있지 않은 가짜 약)이 아닌 활성약을 비교군으로 하는 경우, 우월성, 비열등성, 치료학적 동등성(환자에게 투여되었을 때 동등한 수준의 유효성과 안전성을 보이는 것), 생물학적 동등성(약물이 체내에서 흡수, 분포, 대사, 배설되는 양상이 동등한 수준인 것) 등 검증하고자 하는 가설을 명확하게 정의하는 것이 중요하다. 그에 따라 임상시험 디자인, 피험자 수, 통계 분석 방법 등이 달라지고, 임상시험이 시작되면 변경할 수 없다. 신약 개발을 위한 3상 임상시험은 대부분 위약 또는 활성약 대비 우월성 검증을 위해 설계되지만, 전략적으로 비열등성 시험을 하는 경우도 있다. 바이오시밀러의 3상 임상시험은 오리지널과 치료학적 동등성을, 제네릭의 1상 임상시험은 생물학적 동등성을 검증하는 것을 목표로 한다.

ICH의 가이드라인[46]에 따른 임상시험의 분류는 다음과 같다. 각각 1상, 2상, 3상, 4상 임상시험이라는 표현과 동일한 의미는 아니다. 예를 들어 1상 임상시험이라 해도 인체 안전성, 약동학 뿐만 아니라 적정 용량을 파악하고 치료적 효과를 탐색하는 목적이 포함되어 있을 수 있다. 치료적 확증은 소위 말하는 3상 임상시험과 대규모 환자를 대상으로 대조약과 시험약 투여를 비교하는 임상시험을 통해 가능하다. 따라서 3상 임상시험과 치료적 확증 임상시험은 혼용해서 많이 사용하는 편이다.

① 인체 약물학 시험

사람을 대상으로 약물의 안전성, 약동학, 대사, 상호작용, 체내 활성이나 면역원성, 신장 및 간 내성, 심장 독성을 평가하는 시험이다.

② 치료적 탐색시험

약물이 의도하는 적응증에 잘 작용하는지 탐색하고, 앞으로의 임상시험을 위해 용량 및 투여 주기 등을 연구하고, 투여 용량과 반응의 관계를 탐색하고, 대상환자군, 임상적 유의성 수준, 치료 효과에 영향을 주는 요소 등을 연구해 치료적 확증시험을 위한 근거 생성을 목적으로 한다.

③ 치료적 확증시험

약물의 유효성 입증 또는 확증, 보다 대표성을 가진 보다 큰 환자군을 통한 안전성 프로파일 확립, 품목 허가를 위한 약물의 이익-위험 비율 평가 근거 생성, 소아나 노인 등 특정 인구 집단에 대한 안전성 및 유효성 확증을 목적으로 한다.

**바이오투자 하드캐리**

공신력 있는 임상시험 정보 확인하는 방법

언론 기사나 회사의 보도자료 외에 특정 제품의 규제기관 허가 사실이나 임상시험 결과 정보를 보다 공식적으로 확인할 수 있는 방법이 있다. 학회 발표 내용은 가장 최신의 정보이지만 투자자가 직접 찾기 어려워 제외했다. 다음 세 가지는 규제기관이 게시하는 정보이므로 정확하고 공신력 있다고 할 수 있다.

- Clinicaltrials.gov: 미국 국립보건원NIH에서 운영하는, 전 세계 대부분의 임상시험 정보를 찾아볼 수 있는 사이트다. 곧 시작할 임상시험, 진행 중인 임상시험, 종료된 임상시험 정보를 확인할 수 있다. 임상시험 결과보다는 임상시험의 디자인, 시험약과 대조약, 참여 국가 및 기관, 진행 현황을 간결하게 확인하는 데 유용하다.
- FDA 보도자료: FDA는 주요 품목 허가 사실에 대해 보도자료를 배포한다. 신약의 FDA 허가 사실은 파급력이 크다. 미국 시장 자체가 큰 것도 있지만, FDA 허가 사실을 다른 나라 규제기관이 긍정적으로 참고하는 경향이 있어 글로벌 허가를 향한 중요한 관문을 통과했다는 의미로 해석될 수 있기 때문이다. 보도자료에는 FDA가 어떤 임상시험의 어떤 결과를 검토해 품목 허가를 승인했는지 핵심적인 내용이 간략하게 소개되어 있어 매우 유용하다.
- FDA홈페이지(www.fda.gov) >> Drugs >> Development & Approval Process >> Drug Approvals and Databases >> Resources for Information / Approved Drugs >> Oncology (Cancer)/Hematologic Malignancies Approval Notifications
- FDA홈페이지(www.fda.gov) >> News & Events >> FDA Newsroom >> Press Announcements
- 허가 사항 정보: 임상시험 결과의 핵심 내용은 제품 허가 사항(제품설명서)에서도 확인할 수 있다. 기허가 의약품의 허가 근거가 된 핵심 임상시험의 주요 내용을 정확하게 이해하기에 가장 적절하다.

FDA 승인 약물 정보 검색

식약처 승인 약물 정보 검색

④ 허가 후 임상시험

보다 광범위한 환자 집단에 대한 약물의 이익-위험 비율 평가, 흔하지 않은 이상반응 확인, 용법 용량 조정을 목적으로 한다.

임상시험은 인체 약물학 시험, 치료적 탐색시험, 치료적 확증시험, 허가 후 임상시험으로 분류된다. 1상 임상시험, 2상 임상시험, 3상 임상시험, 4상 임상시험으로 이해해도 큰 무리는 없다.

4.2 전략적 임상시험 설계, 임상시험계획서의 중요성

신약 개발사는 신약 개발 과정 중 목표 제품 특성Target Product Profile, TPP이라는 문서를 작성하고 업데이트해 나간다. TPP는 개발 중인 신약의 원하는 특성과 목적을 설명하는 전략적 문서로, 제품의 용도, 대상 환자, 투여량, 효능, 안전성, 기존 치료법에 비해 예상되는 이점을 명시해 의약품 개발을 위한 로드맵 역할을 한다. 상업화를 위한 잠재적 목표를 조정하는 데도 자주 사용된다. 투자자에게 TPP에 대한 단서는 회사가 시장에서 약품을 포지셔닝하는 방법에 내한 인사이드를 제공해 경쟁력과 수익 잠재력을 평가하는 데 큰 도움이 된다.

임상시험계획서는 개발 중인 파이프라인의 TPP를 투자자가 가늠할 수 있는 중요한 정보원이다. 임상시험계획서에는 임상시험의 목적, 연구 디자인, 투여 약물(시험약, 대조약, 위약), 무작위 배정 및 눈가림 방법, 피험자 선정 기준, 피험자 제외 기준, 모집하려는 피험자 수, 1차 및 2차 평가변수, 평가 일정 및 계획, 안전성 모니터링 계획, 통계 분석 방법, 피험자 동의서, 데이터 수집 방법, 예상하는 연구 일정 등이 명시된다. 중요한 것은 이 항목들이 임상시험 시작 전에 문서로 확정되어야 한다는 점이다. 각국 규제기관은 임상시험계획서를 근거로 임상시험 실시가 적합한지를 검토하고 승인 여부를 판단하는데, 규제기관의 승인이 있어야만 임상시험을 시작할 수 있다. 임상시험이 시작되면 임상시험의 기본 구조를 변경할 수 없으며, 중요한 변경 사항이 있다면 규제기관의 추가 승인을 다시 받아야 한다.

승인된 임상시험계획서 내용 중 일부는 clinicaltrials.gov 같은 사이트에 공개된다. 특히 제목**Official Title**과 간략한 요약**Brief Summary**은 간단하게 해당 임상시험을 이해하고자 할 때 무척이나 유용하다. 임상시험계획서 내용을 항목별로 좀 더 구체적으로 살펴보자.

함께 제시하는 예시는 항암제 아테졸리주맙의 3상 임상시험 중 하나인 OAK 연구(NCT02008227)[47]에 대해 clinicaltrials.gov에 공개된 정보를 근거로 했음을 밝힌다.

① 임상시험 제목

대상 질환과 시험약, 임상시험의 목적을 간략하게 담고 있다.

OAK 연구 예시:

다기관, 공개, 무작위 배정 제3상 연구: 백금 기반 화학 요법에 실패한 비소세포폐암 환자를 대상으로 아테졸리주맙(항 PD-L1 항체)과 도세탁셀의 유효성과 안전성을 비교 조사하는 다기관, 공개, 무작위 배정 제3상 연구

비소세포폐암의 1차 치료법이 백금 기반 화학 요법이고, 백금 기반 화학 요법에 실패한 후 사용하는 2차 치료제로 현재 도세탁셀이 주로 사용되는데, 아테졸리주맙을 도세탁셀을 대체할 2차 치료제로 개발하고자 한다는 사실을 알 수 있다.

② 피험자 선정 및 제외 기준

대상 질환을 가진 환자 중에서 구체적으로 어떤 환자에게 시험약을 투여할지를 결정하는 기준을 의미한다. 일관성 있는 환자군을 대상으로 임상시험이 진행될 수 있도록 교란 요인을 제거하기 위한 목적으로 설정한다. 만일 임상시험 계획에 피험자 선정 기준을 'PD-L1 발현율이 50% 이상인 비소세포폐암 성인 환자'라고 명시했다면, PD-L1 발현율이 48%인 비소세포폐암 성인 환자는 이 임상시험에 참여할 수 없다. 이 기준은 임상시험뿐 아니라 향후 의약품 허가 후 사용 대상이 'PD-L1 50% 이상 비소세포폐암 성인 환자'로 제한될 수 있음을 시사한다.

또한 이 임상시험의 피험자 제외 기준으로 '최근 2년간 약물 A를 투여받은 자'가 설정되었다면 피험자 선정 기준에 해당된다 해도 최근 2년 이내에 약물 A를 투여받은 이력이 있다면 임상시험에 참여할 수 없다. 피험자 제외 기준 역시 추후 의약품 허가 시 제품설명서 문구에 반영될 가능성이 있는데, 피험자 제외 기준을 이렇게 설정한 사유에 따라 달라진다.

이와 같이 피험자 선정 및 제외 기준을 살펴봄으로써 개발사가 어떤 환자군을 대상으로 치료제를 개발하고 있는지 보다 자세히 이해할 수 있다. 임상시험의 피험자 선정 및 제외 기준은 의약품의 안전성과 유효성이 입증될 환자 집단을 가장 명시적으로 표현하는 문구로, 추후 의약품의 효능 효과 문구에 그대로 차용되는 경우가 많다.

OAK 연구 예시:

국소진행성 또는 전이성 비소세포폐암 환자로서, 이전에 국소진행성 또는 전이성 비소세포폐암 치료를 위해 백금 기반 화학 요법을 받은 후 질병이 진행되었거나, 수술 전후 요법으로 백금 기반 화학 요법(방사선 등 다른 요법 병용 가능)을 받은 후 6개월 이내에 재발한 환자를 대상으로 했다.

향후 아테졸리주맙의 허가된 적응증 문구에 '백금 기반 화학 요법제 치료 중 또는 치료 이후에 질병이 진행된 국소 진행성 또는 전이성 비소세포폐암 환자'가 명시되었다. 임상시험 계획의 피험자 선정 기준과 일치하는 것을 확인할 수 있다.

③ 투여 약물

시험약, 대조약, 위약이 무엇인지를 비롯해 투여 용량 및 일정을 알 수 있다. 임상시험 해당 시점에서 가장 널리 사용되고 있거나, 앞으로 널리 사용될 거라 예상되는 약물을 대조약으로 사용하는 것이 합리적이다. 잘 사용되지 않는 약물과 비교해 우월성이나 비열등성을 입증한다면 규제기관과 시장에서 그 결과를 의미 있게 평가하지 않을 수 있다. 나라마다 표준 요법 및 트렌드가 다를 수 있으므로, 임상시험 결과가 도출될 시점의 시장 상황을 내다보며 대조약을 선정할 필요가 있다. 대조약이 합리적으로 선정되었는지 여부는 피험자 보호 측면에서도 규제기관이 중요하게 검토하는 부분이다.

④ 1차 평가변수

임상시험이 검증하려는 핵심 변수로, 기본적으로 1차 평가변수에 대한 통계적 검증력이 충분하도록 피험자 규모와 통계 분석 방법이 설계된다. 명확히 정의된 1차 평가변수는 연구자의 주관적 개입을 최소화하고 임상시험 결과 해석을 명료하게 한다. 임상시험의 성공 여부는 객관적으로 약물의 안전성과 유효성을 반영하는 1차 평가변수에 크게 좌우되므로 임상시험 계획 단계에서 규제기관과 반드시 논의해야 한다. 특히 치료적 확증 연구(3상 임상시험)의 1차 유효성 평가변수는 시험약이 대상 질환 치료나 예방에 실질적인 이점을 제공하는지 보여줄 수 있는 적절한 대리성이 있어야 한다. 예를 들어 항암제의 경우 환자의 생존 기간 연장을 입증해야 한다.

대상 질환에 대한 기허가 제품의 3상 임상시험을 찾아보면 어떤 측정값을 1차 평가변수로 했는지 확인할 수 있다. 과학은 계속 발전하고 있다. 따라서 과거에 유용했던 1차 평가변수가 늘 유효한 것은 아니므로 주의가 필요하다.

⑤ 2차 평가변수

임상시험에서 부차적으로 확인하려는 항목을 의미한다. 항암제 임상시험에서 전체생존기간OS과 같이 1차 유효성 평가변수의 추적관찰이 오래 걸리는 경우 무진행생존기간PFS, 객관적 반응률ORR 같은 대리평가변수를 2차 유효성 평가변수로 설정하는 경우가 많다. 또한 환자의 삶의 질 평가 등 개발사가 본 임상시험을 통해 확인하고 싶은 항목도 2차 평가변수에 포함될 수 있다. 다만 임상시험은 기본적으로 1차 평가변수 검증을 목적으로 설계되므로 2차 평가변수는 어디까지나 부차적인 항목임을 유념해야 한다.

⑥ 임상시험기관

임상시험이 진행되는 국가와 병원을 확인할 수 있는 정보다. 임상시험 제목에 '다국가'라 명시되었다 해도 실제로는 2개 국가에 불과할 수 있으므로 임상시험 기관 리스트를 훑어보자. 모든 임상시험이 다국가 임상시험일 필요는 없지만, 품목 허가를 목표로 하는 3상 임상시험일 경우 다양한 인종과 임상 환경에서 가설을 검증할 수 있는 다국가 임상시험이 선호된다. 물론 개발사 전략에 따라 특정 지역에서 별도의 임상시험을 추가로 실시하는 것도 가능하다.

OAK 연구 예시:

이 임상시험은 미국, 캐나다, 남미, 아시아, 유럽, 호주에 위치한 208개 기관에서 실시되었다. 개발사가 다양한 임상 환경에서 다양한 인종을 대상으로 가설을 검증하기 위해 노력했음을 엿볼 수 있다.

아테졸리주맙의 OAK 연구는 중간 분석에서 1차 유효성 평가변수 전체생존기간OS이 도세탁셀 대비 통계적·임상적으로 유의하게 우월한 결과를 보여 2017년 4월 17일 비소세포폐암 적응증 추가에 대해 FDA 승인을 받았다.[48]

1차 유효성 평가변수의 중요성

[표 4-1]은 RATIONALE-302 연구(NCT03430843)의 유효성 결과 표[49]다. RATIONALE-302는 식도 편평세포암 환자를 대상으로 티스렐리주맙tislelizumab(이하 '시험약')을 ICC(연구자 선택 화학 요법, 이하 '대조약')와 비교한 3상 임상시험이었다. 1차 유효성 평가변수는 전체생존기간OS이었다.

시험약이 대조약 대비 사망 위험을 30% 감소시켰고(위험비 0.70), 통계적으로 유의했다. 95% 신뢰구간이 (0.57, 0.85)로 1을 포함하지 않았고, p값이 0.0001로 0.05보다 작았기 때문이다.

2차 유효성 평가변수를 살펴보자. 시험약이 무진행생존기간PFS을 대조약 대비 17% 감소시켰으나(위험비 0.83), 95% 신뢰구간이 (0.67, 1.01)로 1을 포함하기 때문에 통계적으로 유의한 결과가 아니다. 즉 시험약이 PFS를 연장하는 경향을 보였지만 대조약과의 차이가 통계적으로 입증되지 않았다고 설명하는 것이 정확하다. 객관적 반응률ORR에 대해서는 시험약이 대조약보다 우수한 결과를 보였으며, 시험약과 대조약의 95% 신뢰구간이 (11.1, 20.2)와 (3.9, 10.4)로 서로 겹치지 않으므로 통계적으로 유의한 차이라고 할 수 있다. 반응지속기간Duration of Response, DOR은 시험약이 대조약보다 길게 나타났지만 95% 신뢰구간이 (6.5, 13.2)와 (2.8, 8.5)로 일부 겹치므로 통계석으로 유의한 차이는 아니다.

이 임상시험은 1차 유효성 평가변수인 전체생존기간OS에 대해 시험약과 대조약 간의 차이를 통계적으로 유의하게 입증했기 때문에 FDA 품목 허가의 근거가 될 수 있었다. 물론 회사는 이러한 통계적 차이가 임상적으로도 유의함을 임상시험 보고서와 허가 신청 자료에 설명했을 것이다. 2차 유효성 평가변수인 PFS, DOR에 대해 시험약과 대조약이 통계적으로 유의한 차이를 보이지 않았으나, 경향성을 어느 정도 보였다면 참고하는 정도로 넘어갈 수 있는 부분이다.

[표 4-1] RATIONALE-302 연구의 유효성 결과 표

Endpoint	티스렐리주맙 (N=256)	ICC (N=256)
Overall Survival		
Deaths n(%)	197 (77.0)	213 (83.2)
Median (months)[*] (95% CI)	8.6 (7.5, 10.4)	6.3 (5.3, 7.0)
Hazard ratio[**] (95% CI)	0.70 (0.57, 0.85)	
p–value[***]	0.0001	
Progression–Free Survival		
Disease progression or death (%)	223 (87.1)	180 (70.3)
Median (months)[*] (95% CI)	1.6 (1.4, 2.7)	2.1 (1.5, 2.7)
Hazard ratio[**] (95% CI)	0.83 (0.67, 1.01)	
Objective Response Rated[****]		
ORR (%) (95% CI)	15.2 (11.1, 20.2)	6.6 (3.9, 10.4)
Complete response n (%)	5 (2.0)	1 (0.4)
Partial response n (%)	34 (13.3)	16 (6.3)
Duration of Response		
Median (months)[*] (95% CI)	10.3 (6.5, 13.2)	6.3 (2.8, 8.5)

출처: 미국 FDA

CI–confidence interval, ORR = objective response rate
[*] Estimated using Kaplan–Meier method.
[**] Based on Cox regression model stratified by baseline ECOG status and ICC option.
[***] One–sided p–value based on log rank test stratified by ECOG performance status and ICC option.
[****] Confirmed response.

만일 이 임상시험이 1차 유효성 평가변수 OS에서 통계적으로 유의한 차이를 입증하지 못했다면, 2차 유효성 평가변수 ORR에서 통계적으로 유의한 차이가 나타났더라도 시험약의 유효성에 관한 과학적 근거가 되기 어려울 가능성이 크다.

규제기관은 대상 질환과 의약품의 특성 등을 고려해 의약품의 임상적 유용성을 종합적으로 판단하지만, 이와 같이 1차 평가변수 결과의 중요성은 아무리 강조해도 지나치지 않다.

4.3 임상시험 소요 기간

임상시험을 진행해 완료하고, 데이터를 분석하고 공개하는 데 소요되는 시간은 천차만별이다. 약물 및 질환의 특성, 유병률, 임상시험 디자인, 연구 기관 현황, 개발사 내부 사정 등 많은 요인이 복합적으로 작용하기에 일반화하기 어려운 부분이 있다. 팬데믹, 전쟁 같은 예상치 못한 사건 때문에 임상시험이 지연되거나 아예 취소되기도 한다. 임상시험 소요 기간을 유사 질환, 유사 디자인 임상시험을 통해 예상해볼 수는 있지만, 그래도 여전히 많은 불확실성이 따른다. 기존에 치료제가 없는 질환을 다루는 임상시험이라면 더더욱 일정의 불확실성이 높다. 임상시험 소요 기간에 영향을 미치는 요인들은 다음과 같다.

① 연구 설계 및 규모

2상이든 3상이든 품목 허가의 근거가 되는 핵심 임상시험은 여러 국가, 여러 병원에서 수십, 수천 명의 피험자가 참여하는 경우가 많다. 연구가 크고 복잡할수록 피험자를 등록하고, 임상시험을 수행하고, 데이터를 분석하는 데 시간이 더 오래 걸리고 소요 기간에 대한 예측성이 떨어질 수 있다.

② 추적 기간

일부 임상시험에서는 시간 경과에 따른 약물의 효과와 안전성을 평가하기 위해 장기 모니터링이 필요하다. 예를 들어 만성 질환에 대한 임상시험에는 수년간의 데이터 수집이 필요할 수 있다. 대조약의 유효성이 기대보다 좋아 시험약의 우월성을 통계적으로 보이려면 예상보다 더 오랜 추적관찰 기간이 필요할 수 있다. 전체생존기간OS을 평가변수로 하는 경우 실제 피험자의 사망에는 대상 질환 외에 (예상하지 못한) 많은 요인이 관여해 피험자의 사망이 통계 분석이 가능할 정도로 누적되는 시점이 예상보다 앞당겨질 수도, 지연될 수도 있다.

③ 규제 요건

임상시험은 각국 규정을 준수해야 한다. 규제기관이 추가 데이터나 수정을 요청하는 경우 임상시험 기간이 연장될 수 있다.

④ 대상 질병

질병의 성격도 시험 기간에 영향을 미칠 수 있다. 예를 들어 진행 속도가 느린 질병에 대한 임상시험에서는 약물의 효과를 확인하기 위해 더 긴 관찰 기간이 필요할 수 있다.

⑤ 중간 분석 결과

최종 결과를 얻는 데 수년의 시간이 필요한 임상시험의 경우, 사전에 정한 특정 기준을 충족하는 중도 시점에 데이터를 분석하는 중간 분석을 계획하는 경우가 많다. 이 임상시험을 계속 진행해도 좋을지 안전성과 유효성 측면에서 판단하는 과정이다. 간혹 중간 분석 결과 약물의 안전성 및 유효성이 좋거나 좋지 않은 것이 명확한 경우, 임상시험이 예상보다 빠르게 종료되기도 한다. 의학적 미충족 수요가 큰 질환의 치료제 개발 과정에서는, 임상시험 중간 분석 결과가 유의미한 유효성과 수용 가능한 안전성을 보일 경우, 규제기관과의 협의를 통해 해당 데이터를 근거로 품목 허가를 신청할 수 있다. 이 경우 임상시험은 계속 진행되며, 허가 후에도 확증적 데이터를 제출해야 하는 조건부 승인 또는 가속 승인 형태로 진행되는 경우가 많다.

1상 임상시험은 6개월, 2상 임상시험은 수개월~2년, 3상 임상시험은 2~4년 정도 시간이 소요된다고 이해하되, 회사 실적 발표 자료나 언론 기사 등을 통해 임상시험 완료 일정을 추적해볼 필요가 있다. Clinicaltrials.gov 사이트에서 해당 임상시험을 검색하면 임상시험 종료 예상일을 확인할 수 있는데, 해당 정보는 변동성이 있을 수 있으므로 참고는 하되 맹신해서는 안 된다.

투자자 노트

- 임상시험 완료에 소요되는 시간은 많은 요인이 복합적으로 작용하기 때문에 일반화하기 어렵다.
- 1상 임상시험은 6개월, 2상 임상시험은 수개월~2년, 3상 임상시험은 2~4년 정도 시간이 소요된다고 이해하되, 회사 실적 발표 자료나 언론 기사 등을 통해 임상시험 완료 일정을 추적해볼 필요가 있다.

4.4 임상시험의 성공, 통계적 유의성과 임상적 유의성

신약 개발 시 비열등성 시험이 드물게 수행되지만, 대부분의 신약 임상시험은 위약 또는 활성약 대비 우월성을 입증하는 것을 목표로 한다. 임상시험 결과에서 1차 유효성 평가변수 결과가 통계적 및 임상적으로 유의하다고 확인되면 해당 임상시험은 성공했다고 판단할 수 있다. 통계적 유의성statistical significance과 임상적 유의성clinical significance이 항상 일치하는 것은 아니다. 통계적 유의성은 임상시험 결과가 우연에 의해 나타난 것이 아닐 가능성을 평가하는 것이고, 임상적 유의성은 임상시험 결과가 환자에게 실질적인 의학적 가치를 제공하는지를 판단하는 것이다.

① 통계적 유의성

연구자는 두 약물을 비교하는 임상시험을 계획할 때 통계적으로 유의한 차이가 있다고 판단할 기준, 즉 알파 수준(α)을 미리 설정한다. 일반적으로 알파 수준은 0.05 (5%)로 정한다. 이후 실제 임상시험 데이터를 분석해 얻은 p값은 두 약물 간에 관찰된 차이가 단순한 우연일 가능성이 얼마나 되는지를 알려주는 수치다.

예를 들어, 한 약물이 다른 약물보다 효과가 좋아 보인다면 이 차이가 약물 자체의 효과 때문인지, 아니면 우연히 생긴 결과인지 판단해야 한다. 일반적으로 p값이 0.05보다 작으면, 연구자들은 '이번 결과는 우연히 나타난 것이라고 보기 어렵다'라고 판단하며, 두 약물 간의 차이가 통계적으로 유의하다고 결론 내린다.

다만, p값이 작을수록 약물의 효과 차이가 크다는 의미는 아님을 유의하

자. 중요한 것은 p값이 0.05보다 큰지 작은지 여부, 즉 통계적 유의성의 유무다. p값이 0.01인지 0.02인지를 비교해 어느 쪽이 더 의미 있는 결과라고 단정하는 것은 적절하지 않다.

신뢰구간Confidential Intervals, CI 역시 통계적 유의성을 평가하는 중요한 지표다. 신뢰구간은 실제 효과가 포함될 수 있는 값의 범위를 제시하며, 주로 95% 신뢰구간으로 설정된다. 95% 신뢰구간은 동일한 연구를 100회 반복할 때 실제 효과가 그중 95회의 연구에서 신뢰구간 내에 포함된다는 뜻이다. p값은 단일 수치로 결과를 나타내는 반면, 신뢰구간은 약물 효과의 범위를 보여주므로 환자에 대한 잠재적 영향을 직관적으로 이해하는 데 도움이 된다. 신뢰구간이 좁을수록 데이터의 변동성이 적고 효과 크기에 대한 정확도가 높다는 것을 의미하기 때문이다.

두 비교군의 차이를 설명할 때 신뢰구간이 0을 포함하면 두 군간의 차이가 통계적으로 유의하지 않다는 것을 나타낸다. 예를 들어 임상시험 결과 두 약물의 혈압 감소 효과 차이가 5mmHg이고 95% 신뢰구간이 (3mmHg, 7mmHg)라면, 신뢰구간이 0을 포함하지 않으므로 통계적으로 유의한 결과라고 볼 수 있다. 만일 효과 차이가 5mmHg인데 95% 신뢰구간이 (-1mmHg, 11mmHg)라면 신뢰구간이 0을 포함하므로 통계적으로 유의하지 않은 결과로 해석된다.

위험비hazard ratio와 같이 두 군간의 비율을 설명하는 경우에는 신뢰구간이 1을 포함하면 두 군간의 차이가 통계적으로 유의하지 않다고 본다. 약물 X 투여군과 약물 Y 투여군의 사망률을 비교한 결과 위험비가 0.80이고 95% 신뢰구간이 (0.70, 0.90)라면, 신뢰구간이 1을 포함하지 않으므로 통계적으로 유의한 결과로 해석된다.

② 임상적 유의성

임상적 유의성은 약물의 효과가 환자의 건강 또는 삶의 질에 실질적이고 중요한 영향을 미치는지를 평가하는 기준이다. 예를 들어 어떤 임상시험에서 시험약이 대조약에 비해 혈압을 2mmHg 낮추는 것으로 나타난 경우, 통계적으로 유의하더라도 혈압 강하 효과가 임상적으로 중요하지 않을 수 있다. 임상적 유의성은 전문가의 판단에 의존하므로, 회사는 임상시험 보고서 및 보도자료에 전문가의 의견을 포함시켜 임상시험 결과의 임상적 의미를 명확히 전달하고자 한다. 규제기관 역시 임상시험 결과의 임상적 유의성을 평가할 때 자문단의 의견을 수집하기도 한다.

투자자들이 접하는 임상시험 결과에 대한 보도자료는 임상시험 결과의 통계적 유의성과 임상적 유의성을 설명하는 내용을 담고 있다. 일반적인 사례를 반영하는 가상의 보도자료를 보자.

제약사 ABCD는 국소 진행성 또는 전이성 유방암 환자를 대상으로 한 1차 치료에서 약물 X가 약물 Y와 비교해 질병 진행 또는 사망 위험을 30% 감소시킨다는 3상 임상시험 결과를 발표했습니다(위험비HR=0.70, 95% 신뢰구간CI 0.58~0.85, p값 p<0.001). 또한 첫 중간 분석에서 약물 X가 약물 Y에 비해 전체생존기간OS에서 긍정적인 경향을 보였으나(HR=0.80, 95% CI 0.61~1.05, p=0.11), 통계적으로 유의하지는 않았습니다.

병원 ZZ의 종양 전문의 김 교수는 이렇게 말했습니다. "국소 진행성 또는 전이성 유방암 치료의 진전에도 불구하고, 현재의 치료법으로는 거의 불가피한 내성과 질병 진행을 해결하기 위한 새로운 표적 치료제와 요법이 필요합니다." 그리고 이렇게 덧붙였습니다. "이번 연구에서 약물 X는 약물 Y와 비교했을 때 무진행생존기간PFS

이 유의미하게 개선되었습니다. 이 결과는 약물 X가 미래의 표준 치료제로 자리 잡을 잠재력을 뒷받침합니다."

이 사례에서 유방암 환자를 대상으로 한 3상 임상시험을 통해 약물 X는 약물 Y에 비해 질병 진행 위험을 30% 감소시키는 것으로 나타났다. 위험비는 시험약 투여군의 위험률을 대조약 투여군의 위험률로 나눈 값으로, 1보다 작을 경우 시험약의 위험도가 더 낮음을 의미한다. 위험비 0.70을 다르게 표현하면 1-0.70=0.30, 즉 30%의 위험 감소 효과가 있다고 말한다. 이 위험비가 통계적으로 유의한지는 신뢰구간과 p값을 통해 판단한다. 95% 신뢰구간이 0.58~0.85로 1을 포함하고 있지 않고, p값이 0.05보다 작으므로 위험비는 통계적으로 유의하다.

또한 전체생존기간OS도 약물 X가 약물 Y보다 긍정적인 결과를 보였으나, 이는 통계적으로 유의하지 않고 아직 경향뿐인 상황이다. 위험비 0.80의

 투자자 노트

- p값이 0.05보다 작을 때 비교군 간 차이가 인정되며, 이를 통계적 유의성이 있다고 표현한다. 즉 통계적 유의성이 있다는 것은 두 약물의 차이가 우연에 의할 확률이 5% 미만이므로 그 차이를 신뢰할 수 있다는 의미다.
- 두 군간 차이를 비교하는 경우 신뢰구간이 0을 포함하지 않아야 통계적 유의성이 있다고 표현한다. 두 군간 비율을 설명하는 경우에는 신뢰구간이 1을 포함하지 않아야 통계적 유의성이 있는 것이다.
- 임상적 유의성은 약물의 효과가 환자의 건강 또는 삶의 질에 실질적이고 중요한 영향을 미치는지를 평가하는 기준이다.

95% 신뢰구간이 0.61~1.05로 1을 포함하고 있고, p값이 0.11로 0.05보다 컸기 때문이다. 다만 이는 중간 분석 결과이므로 최종 결과를 좀 더 기다려볼 필요가 있다.

그 다음 문단에서는 전문가 의견을 인용해 이번 임상시험 결과가 임상적으로 유의미하다는 사실을 확고히 전달하고 있다. 해당 질환에 새로운 표적 치료제와 요법이 필요하다는 점, 즉 미충족 의료 수요가 있음을 강조한 뒤 이번 임상시험 결과가 그 필요를 충족시킬 수 있음을 주장하고 있다.

4.5 임상시험의 실패와 중간 분석

임상시험 결과가 사전에 정의한 통계적 또는 임상적 유의성을 달성하지 못해 후속 개발 진행 및 품목 허가의 근거가 될 수 없다고 판단될 때 임상시험이 실패했다고 한다. 임상시험 실패의 원인은 크게 세 가지다.

① 과학적 이슈
시험약이 실제로 대상 질환의 치료제로 적절하지 않은 경우다. 약물의 유효성이 의도한 정도만큼 확인되지 않거나 임상시험 도중 수용하기 어려운 안전성 이슈가 발생해 결과적으로 위험-이익 비율이 긍정적이지 않은 걸로 나타난 것이다. 임상시험 계획이나 운영에 특별한 문제가 없었다면 보통 이와 같은 시험약 자체의 이슈로 결론 내려지는 경우가 대부분이다.

② 임상시험 계획 이슈

임상시험계획서에 결함이 있어 대상환자군, 평가변수, 대조약물, 약물 투여 방법을 잘못 설정했거나, 피험자 수를 잘못 산정했을 수 있다.

③ 임상시험 운영과 관련된 이슈

임상시험을 운영하다 보면 목표했던 수만큼 환자를 모집하지 못하거나 중도 탈락율이 높아 임상시험을 끝까지 진행하기 어려울 수도 있다. 또한 임상시험 운영 과정에서 임상시험계획서와 불일치가 일정 수준 이상 발생해 데이터의 신뢰도가 의심되거나, 데이터를 수집하고 관리·분석하는 과정에서 오류가 발생해 GCP를 위반하게 될 수도 있다.

개발사와 연구자는 임상시험의 과정과 결과를 면밀히 평가해 임상시험 실패의 원인을 파악하며, 해당 원인에 따라 후속 결과가 달라진다. 피험자의 안전을 보호하는 것이 최우선이며, 과학적 근거와 재무 상황 등 여러 요건이 추가로 고려된다. 결과적으로 해당 약물에 대한 새로운 임상시험을 설계해 진행하거나, 아예 해당 약물의 개발을 중단할 수도 있다.

임상시험을 진행하는 중에는 피험자의 안전을 확보하고 개발사의 자원을 효율적으로 사용하기 위해 중간 분석을 실시하는 경우가 많으며, 이러한 계획은 임상시험계획서에 미리 명시된다. 생명을 위협하는 질환을 대상으로 하거나 추적 기간이 긴 임상시험의 경우 대부분 중간 분석을 수행한다. 일정 수의 피험자가 모집되었거나, 피험자의 약물 투여 기간이 특정 기준을 넘기거나, 질병 진행 또는 사망과 같은 특정 사건이 일정 수 이상 발생하는 등 사전에 임상시험계획서에 정의한 요건을 충족했을 때 임상시험 도중에 데이터를 분석해 임상시험을 이대로 진행해도 좋을지, 임상시험계획서에 수정이 필요한 부분은 없는지, 임상시험을 중단해야 할지 판단하기 위함이다.

이때 객관성을 확보하기 위해 독립적인 데이터 모니터링 위원회가 중간 분석 결과를 검토하는 경우가 많다. 임상시험 종료에 앞서 여러 차례 중간 분석을 할수록 통계적 오류 가능성이 증가하므로, 개발사는 중간 분석의 요건과 횟수를 신중하게 계획한다.

중간 분석 결과, 약물의 안전성과 유효성이 목표했던 치료 효과를 충분히 달성할 것으로 확인되면 규제기관과 논의해 중간 분석 데이터를 근거로 품목 허가를 시도해볼 수 있다. 하지만 아직 데이터가 미성숙해 통계적 유의성을 보이지 못한다면 어떨까? 임상시험 종료 시점에 통계적 유의성을 달성하고, 임상시험이 성공적으로 마무리되는 사례도 많다. 중간 분석 결과, 확인되는 유효성이 목표로 하는 치료 효과를 달성할 가능성이 매우 낮다고 판단되거나, 안전성 문제가 클 경우에는 임상시험 중단이 논의될 수도 있다.

4.6 임상시험 결과를 접할 때 주의할 점

현혹되지 않고 현명하게 제약바이오투자를 하기 위해서는 임상시험 결과를 해석할 때 주의할 점이 있다.

우선, 임상시험계획서에 명시된 대로 분석한 1차 평가변수 결과 외에는 부차적인 정보일 뿐이라는 사실을 기억하자. 예를 들어 2형 당뇨 환자를 대상으로 신약 후보물질 X가 기존 약물 Y보다 혈당을 더 효과적으로 낮출 것이라는 가설을 세우고 3상 임상시험을 진행했다고 하자. 그리고 임상시험계획서에 '피험자의 혈당 감소치'를 1차 유효성 평가변수로, '고혈압을 동반하는 피험자의 혈당 감소치'를 2차 유효성 평가변수로 명시했다고 하자. 임상시험 결과, 1차 유효성 평가변수인 X 투여군과 Y 투여군 간의 혈당 감소치에 통계적으로 유의한 차이가 없었다. 이는 X가 Y보다 혈당을 더 잘 낮출 거라는 가설을 입증하지 못했기 때문에 해당 임상시험은 실패한 것으로 평가된다.

그런데 피험자를 고혈압을 동반하는 환자로 한정해 분석해보았더니 X가 Y보다 혈당을 통계적으로 유의하게 더 많이 감소시켰다면 어떻게 될까? 개발사 입장에서는 이를 기반으로 성공적인 결과를 주장하고 싶을 수 있다. 그러나 2차 평가변수 또는 사후 하위군 분석에서 도출된 결과로는 추후 추가 임상시험을 기약할 수 있을 뿐, 그 자체로 의미 있는 임상적 결론을 입증할 수 없다. 예시의 경우 고혈압을 동반한 당뇨병 환자를 대상으로 새로운 임상시험을 설계해 가설을 다시 검증해야 한다.

이와 같이 개발사는 임상시험을 계획할 때 1차 평가변수를 적절하게 설정해야 한다. 투자자는 실패한 임상시험에 대한 불필요한 설명이나 선택적인 결과 해석 시도에 주의해야 한다.

또 한 가지 주의할 점은 임상시험은 결과로 평가된다는 점이다. 종종 개발사가 임상시험 실패 사실을 명확하게 밝히지 않고, 임상시험 운영이나 모집된 환자군의 특성 등을 거론하며 변명을 시도하는 경우가 있다. 이러한 주장에 절대 현혹되어서는 안 된다. 임상시험 중에 다양한 이슈가 발생할 수 있지만, 데이터 품질을 보장하기 위해서는 임상시험 도중에 즉각적인 대책을 세우고 필요한 조치를 취해야 한다. 임상시험계획서에 설정한 피험자 선정 기준이 미흡해 교란변수를 제대로 통제하지 못한 것이 임상시험 실패의 주요인이라면 개발사는 임상시험 설계상 미진함을 인정해야 한다. 최종 결과가 나온 후에 이를 변명하려는 시도는 결코 과학적인 근거가 될 수 없다.

"원래 우리 약은 매우 좋은데…"라는 주장은 신경 쓰지 말고, 투자자로서 임상시험 결과만을 객관적으로 평가하자.

임상시험 성공과 주가

치료적 확증시험, 3상 임상시험의 성공 소식은 주가에 호재로 작용하는 경우가 많다. 파이프라인이 다양하지 않은 기업일수록 그 영향이 극명하다. 미국 상장 바이오테크 중 2024년 주가상승률이 가장 높았던 서밋 테라퓨틱스Summit Therapeutics Inc. 사례를 소개한다.

서밋 테라퓨틱스는 중국의 아케소Akeso가 개발한 PD-1 및 VEGF 경로 차단 이중특이항체 이보네시맙ivonescimab의 미국, 캐나다, 유럽, 일본에서의 개발 및 상업화 독점권을 보유하고 있다. 서밋 테라퓨틱스의 주가는 2024년 한 해 동안 약 585% 상승했다. PD-1 양성 비소세포폐암 환자를 대상으로 진행한 3상 임상시험HARMONi-2에서 이보네시맙이 블록버스터 펨브롤리주맙pembrolizumab 대비 무진행생존기간PFS을 두 배 가까이 늘리고 질병 진행 또는 사망 위험을 49%나 줄인[50] 것으로 나타났기

[그림 4-1] 서밋 테라퓨틱스의 2024년 일봉 차트

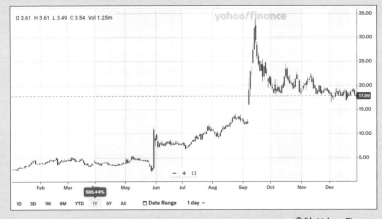

출처: Yahoo Finance

때문이다. 6월 실적 발표 자리에서 해당 언급이 나왔고, 9월에는 학회에서 좀 더 구체적인 데이터가 발표되어 시장이 열광적으로 반응했다.

9월 이후 주가가 다시 일정 부분 내려온 것은 이보네시맙이 중국에서는 2024년 5월에 품목 허가되었지만 미국, 유럽 등 글로벌 시장에서는 품목 허가를 위해 추가로 넘어야 할 산이 남아 있기 때문이다. 이보네시맙이 펨브롤리주맙 대비 우월한 유효성을 보인 HARMONi-2 연구는 중국에서만 진행된 임상시험으로, 인종 면에서 미국, 유럽 환자 집단을 대표하기 어렵고, 펨브롤리주맙 단일 요법과만 비교했다는 한계가 있다. 이에 서밋 테라퓨틱스는 미국과 캐나다에서 PD-1 양성 전이성 비소세포폐암의 1차 치료제로서 펨브롤리주맙+화학 요법과 이보네시맙+화학 요법을 비교하는 3상 임상시험HARMONi-7(NCT05899608)을 진행하고 있다.

[표 4-2] 서밋 테라퓨틱스의 연간 실적(단위: 백만 파운드)

마감 기준	2020년 12월 31일	2021년 12월 31일	2022년 12월 31일	2023년 12월 31일	2024년 12월 31일
손익 계산서					
총매출	0.63	1.34	0.58	–	–
총이익	0.63	1.34	0.58	–	–
영업 이익	−38.26	−63.68	−52.58	−69.69	−168.58
순이익	−38.53	−65.47	−65.11	−482.96	−176.83
대차 대조표					
총 자산	102.5	113.37	664.17	202.95	435.56
총 유동부채	19.89	25.62	38.78	20.41	41.73
총 주식	79.45	83.28	126.65	77.69	388.75
현금흐름					
부채상환 후 현금흐름	−21.05	−28.3	−264.22	−174.1	−71.06
영업으로 인한 현금	−35.17	−53.63	−34.36	−60.29	−113.54
투자로 인한 현금	−0.31	−0.23	−0.52	−461.64	−164.06
재무현금흐름	36.96	57.57	512.57	67.95	304.59
현금순변동	1.88	3.97	476.68	−453.32	26.98

출처: investing.com

PART 3 BIOPHARMACEUTICAL

제약바이오
투자 실전

CHAPTER

5 제약바이오 주식의
유형

BIOPHARMACEUTICAL

대형 제약회사 주식을 살지, 바이오테크 주식을 살지 선택하는 것은 투자 목표와 위험 허용 범위에 따라 달라진다. 잠재적인 높은 수익성을 추구하는지, 시장 주기에 대한 탄력성을 추구하는지 투자자 본인의 생각이 먼저다.

바이오테크 주가는 임상시험 성공 여부나 라이선스 아웃, 기술 이전 여부에 크게 영향을 받으므로, 각 파이프라인의 개발 단계, 기술의 특성, 파트너십 가능성을 면밀히 평가해야 한다. 파이프라인이 비교적 특정 질환 분야에 집중되어 있는 경우가 많기 때문에 집중적인 기업 분석을 할 수 있다.

반면 대형 제약회사는 판매 제품이 다양하고 파이프라인이 광범위해 세부 분석이 좀 더 복잡한 반면, PER, ROE 같이 일반적인 가치분석 도구를 적용해볼 수 있다. 주요 제품의 특허 기간 만료 시점, 제네릭 또는 바이오시밀러 경쟁이 매출에 미칠 잠재적 영향, 이러한 과제를 해결하기 위한 회사의 전략(후속 파이프라인, 에버그린 전략 등)을 고려할 필요가 있다.

제약바이오 산업 내에서도 기업 유형에 따라 확연히 다른 투자 기회와 과제를 제공하므로 본인의 투자 목표 및 위험 허용 범위에 걸맞게 투자 기업을 선택해야 한다. 이번 장에서는 제약바이오 기업의 다양한 유형과 특징을 알아보도록 하자.

5.1 바이오테크

바이오테크는 획기적인 발견이나 첨단 기술력을 기반으로 신약 후보물질을 개발하는 기업이다. 화학 합성물의 분자 구조나 단백질의 구조를 디자인하고, 이 물질이 인체 내에서 어떻게 작용하는지를 연구한다. 바이오테크는 특정 연구개발 부분에 집중하는 소규모 기업이라는 점, 당장 매출이 없어 벤처캐피털VC이나 기관의 투자 유치, 정부 보조금, 전략적 파트너십, 기업 공개 IPO를 통해 자금을 조달한다는 점, 기술(노하우)을 거래 대상으로 한다는 점에서 첨단 IT 스타트업과 유사한 측면이 있다. 그러나 바이오 분야 연구개발은 인체라는 생물학적 시스템에 대한 제한적 지식을 바탕으로 하기에, 불확실성이 높다는 점이 큰 차이점이라 할 수 있다.

바이오테크는 후기 단계 임상시험까지 독립적으로 수행할 재정 자원이 부족한 경우, 신약 후보물질이나 기술의 라이선스 아웃 또는 개발 권리 이전, 인수합병을 통해 수익을 창출할 수 있다. 추가적인 자금 확보를 통해 품목 허가 단계까지 신약 개발을 이어갈 수도 있으며, 다른 대기업과 파트너십을 통해 공동 판매하거나 자체 영업팀을 조직해 판매하는 경우도 있다.

① 자금 조달원 확보(벤처캐피털, 정부 보조금, 전략적 파트너십, 기업공개)
바이오테크의 성공적인 운영은 장기간의 연구개발 기간 동안 자금을 조

달하는 능력에 크게 좌우된다. 초기에는 기업의 가치 대부분이 지적 재산 같은 무형 자산에 뿌리를 두는 경우가 많으므로 신뢰할 수 있는 자금 조달이 필수적이다. 일반적인 자금 조달 방법으로는 정부 보조금 확보, 암 예방 재단Prevent Cancer Foundation과 같은 각종 비영리기관의 지원 확보, 대학 또는 대형 제약회사와의 전략적 파트너십, 엔젤투자자 또는 벤처캐피털의 투자 유치, 기업공개, 유상증자, 전환사채 발행 등이 있다.

벤처캐피털은 초기 단계 바이오테크의 주요 자금 조달원이다. 벤처캐피털은 회사 지분을 대가로 자금을 제공하며, 회사가 성공할 경우 상당한 수익을 기대한다. 또한 바이오테크의 성장에 도움이 될 수 있는 전문 지식, 네트워킹, 전략적 통찰을 제공하기도 한다. 글로벌데이터GlobalData의 자료에 따르면, 혁신적 약물을 보유한 미국 바이오테크 기업의 벤처캐피털 자금 조달은 2021년에 104% 증가해 207억 달러에 이르렀다. 2021년의 기록적인 고점에서 하락한 후, 코로나19 팬데믹 시기였던 2022년 내내 비교적 회복력을 유지했으나 이제 점점 팬데믹 이전 수준으로 돌아가는 추세다.[51]

정부 보조금은 자금의 대가로 회사 지분을 요구하지 않아, 바이오테크가 필요한 자금을 확보하면서 소유권을 유지하는 데 도움이 된다. 정부 보조금은 비희석non-dilutive 자금을 조달할 수 있는 중요한 원천이다. 글로벌데이터의 자료에 따르면, 미국 민간 기업에 대한 미국국립보건원NIH의 보조금은 2021년부터 2022년까지 총거래 가치가 16.1% 증가해 18억 6,000만 달러에 달했다. 정부 보조금이 벤처캐피털로부터의 투자 감소를 완화하는 데 도움이 될 수 있었음을 보여준다.

대형 제약회사와의 전략적 파트너십도 중요한 자금 조달 방법이다. 바이오테크는 파트너십을 통해 선불금, 3상 임상시험 성공이나 품목 허가 같은

마일스톤 달성에 따른 지불금, 의약품 출시 후 로열티를 받을 수 있다. 이러한 파트너십의 대표적인 사례는 1978년 제넨텍Genentech과 일라이 릴리Eli Lilly의 계약으로, 이는 바이오테크와 대형 제약회사 간 전략적 파트너십의 첫 사례다. 당시 일라이 릴리는 유전자 재조합 인간 인슐린에 대한 제조 및 마케팅 권리를 제공받는 대가로 제넨텍에 제품 개발 자금을 지원하고 판매 수익에 대한 로열티를 지급하기로 했다. 이 파트너십을 통해 휴물린Humulin이라는 최초의 유전자 재조합 의약품이 탄생했다. 이는 기존의 동물 유래 인슐린보다 당뇨병 환자에게 더 안전하고 신뢰할 수 있는 인슐린을 제공하는 획기적인 성과였다.

바이오테크가 일정 수준의 성숙도에 도달하면 기업공개를 선택할 수도 있다. 매출이 없는 바이오테크는 매출과 수익이 아닌 또 다른 기업 가치 평가 기준을 투자자들에게 제시한다. 바이오테크는 기업공개를 통해 투자자에게 주식을 판매해 상당한 자금을 조달할 수 있다. 1980년 제넨텍의 기업공개가 대성공을 거둠으로써, 제품 매출이나 수익이 없는 기업도 상장할 수 있음을 보여주었으며, 바이오테크가 벤처캐피털 투자를 위한 매력적인 대상으로 부각되는 데 기여했다. 다만 기업공개가 되면 정부기관의 조사 및 규제 요건이 강화되며, 단기 재무 목표를 달성해야 한다는 압박이 높아진다. 투자자들이 인내심을 가지고 무한정 기다려주는 것이 아니므로, 상장 바이오테크는 장기 연구개발 목표와 주주의 기대 사이에서 균형을 맞추어야 한다.

상업화 단계에 근접해지는 신약 개발 후기 단계일수록 사모펀드나 헤지펀드의 투자를 받을 수 있는 가능성이 높아지고, 은행 대출이나 전환사채 발행을 통한 부채 융자를 통해서도 자금을 확보할 수 있다. 부채 융자를 통해 자금을 확보한 경우 상환 및 이자 부담이 늘어나지만, 자기자본을 희석시키지 않을 수 있다는 특징이 있다.

② 인수합병

바이오테크는 다른 기업에 인수됨으로써 인수자의 자원을 활용해 의약품 개발 및 임상시험을 지속적으로 추진할 수 있다. 바이오테크와 제약회사의 성공적인 인수합병 사례 중 하나는 제넨텍과 로슈Roche의 합병이다. 로슈가 제넨텍의 지분을 처음 인수한 것은 1990년으로, 제넨텍 지분 60%를 인수한 로슈는 제넨텍에 자금과 전략적 지원을 제공했고, 제넨텍은 운영 독립성을 유지하면서 연구를 지속했다. 로슈는 이후 수년간 제넨텍 지분을 늘려 2009년에 제넨텍의 전체 지분을 인수했고, 제넨텍은 로슈의 전액 출자 자회사가 되었다. 제넨텍의 연구개발 조직은 미국에 남아 혁신을 촉진하기 위한 기업 환경을 보존했고, 베바시주맙, 트라스투주맙, 리툭시맙 같은 성공적인 항암제들이 탄생하는 기반이 되었다.

③ 라이선스 아웃

바이오테크가 주요 자산을 라이선스 아웃하면 선불금, 마일스톤, 로열티 같은 즉각적인 금전 이익과 파트너십을 통한 기술 검증으로 주가가 단기적으로 크게 상승하는 경우가 많다. 그러나 회사가 탄탄한 후속 자산 파이프라인을 보유하고 있지 않다면 시간이 지남에 따라 주가가 다시 하락할 수 있다.

[그림 5-1]은 나스닥에 상장된 넥타 테라퓨틱스Nektar Therapeutics의 주봉 차트다. 2018년 넥타 테라퓨틱스는 면역항암제 벰페갈데스류킨Bempegaldesleukin의 공동 개발을 위해 대형제약사 BMS와 파트너십을 체결했다.[52] BMS는 벰페갈데스류킨과 블록버스터 니볼루맙으로 다양한 암 치료를 위한 병용 요법을

[그림 5-1] 넥타 테라퓨틱스의 2015~2024년 주봉 차트

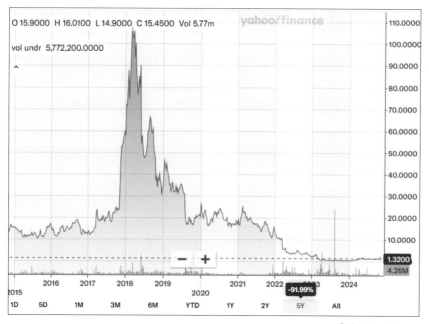

출처: Yahoo Finance

개발하고자 했다. 이 계약에는 선불금 18억 5,000만 달러, 추가 마일스톤 지불금, 미국 시장에서의 65/35 이익 공유 분할이 포함되었다. 파트너십 발표 후 넥타 테라퓨틱스의 주가는 두 배 이상 상승했다. 막대한 선불금과 수익 공유에 대한 장기적인 잠재력이 벰페갈데스류킨의 상업적 가능성을 부각시켰기 때문이다.

그러나 2022년 3월 넥타 테라퓨틱스와 BMS는 벰페갈데스류킨과 니볼루맙 병용 요법을 연구한 두 건의 3상 임상시험에서 1차 유효성 평가변수를 통계적으로 유의하게 충족하지 못했다고 발표했다. 그리고 두 회사는 2022년 4월 파트너십을 종료하기로 결정했다.[53] 투자자들이 임상시험 실패와 파트너십 종료에 반응해 넥타 테라퓨틱스의 주가는 급격히 하락했다. 벰페갈데스류킨의 성공에 크게 의존해온 넥타 테라퓨틱스의 장기 전략에 의문이 제기되었던 것이다.

바이오테크가 투자자의 신뢰를 유지하고 주가 모멘텀을 유지하려면 지속적으로 연구개발에 투자하고 진화하는 파이프라인을 선보여야 한다. 다각화는 위험을 줄이고 장기적인 가치 평가를 향상시켜 회사가 단일 라이선스 이벤트에 의존하지 않는다는 사실을 보여줄 수 있다.

④ 주요 바이오테크 소개

미국 주식시장에 상장된 시가총액 상위 바이오테크 두 곳을 소개한다.

• 버텍스 파마슈티컬스Vertex Pharmaceuticals Inc.

미국 상장 바이오테크 중 시가총액 1위 기업(2024년 12월 기준)인 버텍스 파마슈티컬스는 1989년 미국 보스턴에 설립되었다. 낭포성 섬유증Cystic Fibrosis, CF 치료제 트리카프타Trikafta(엘렉사카프토, 테자카프토, 이바카프토의 복합제)가 대표 제품이다. 버텍스 파마슈티컬스는 낭포성 섬유증 치료제 외에도 겸상 적혈구 질환, 베타지중해빈혈, 통증 관리 등 다양한 치료 분야로 연구개발을 확장하고 있다. 겸상 적혈구 질환SCD 및 수혈의존성 베타지중해빈혈TDT 치료를 위해 그리스퍼 테라퓨틱스CRISPR Therapeutics와 공동 개발한 유전자 편집 치료제 카스게비Casgevy가 2023년 11~12월 영국, 미국, EU에서 품목 허가를 받아 화제를 모았다. 2024년 4월에는 2상 임상시험 중인 자가면역 질환 치료제 포베타시셉트Povetacicept의 개발사 알파인 이뮨 사이언스Alpine Immune Sciences를 현금 약 49억 달러에 인수했다. [54]

[그림 5-2] 버텍스 파마슈티컬스의 2020~2024년 주봉 차트

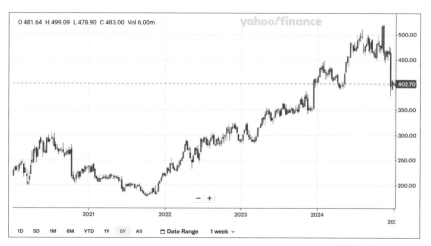

　최근 5년간의 주가 차트를 보면, 낭포성 섬유증 치료제 트리카프타의 매출 성장 및 다양한 연구개발의 진전으로 주가가 우상향을 그렸다. 2024년 12월에는 통증성 요추 천골 신경근병증LSR 환자를 대상으로 한 진통제 수제트리진suzetrigine의 2상 임상시험에서 유효성이 위약 대비 통계적으로 유의하지 않은 것으로 발표되어 주가가 주춤했다. 버텍스 파마슈티컬스는 해당 임상시험이 위약과의 비교를 위해 설계된 것이 아니며, 이 임상시험을 통해 수제트리진의 안전성과 유효성을 확인했다고 언급했다. 또한 위약 효과를 통제할 수 있도록 임상시험을 설계해 3상 임상시험에 진입할 계획이라고 밝혔다.[55] 수제트리진은 앞서 진행된 두 건의 3상 임상시험 결과를 근거로 2025년 1월 30일 중등도에서 중증의 급성 통증 치료제로 FDA 품목 허가를 받았다.

• 리제네론 파마슈티컬스Regeneron Pharmaceuticals, Inc.

미국 상장 바이오테크 중 시가총액 2위 기업(2024년 12월 기준)인 리제네론 파마슈티컬스는 1988년에 설립되었으며, 미국 뉴욕주 테리타운에 본사를 두고 있다. 황반 변성 치료제 아일리아aflibercept, 면역 질환 치료제 듀피젠트dupilumab, 면역항암제 리브타요cemiplimab가 주요 판매 제품이다. 미국 외 지역 판매는 제품에 따라 바이엘Bayer 또는 사노피Sanofi가 담당하고 있다. 리제네론 파마슈티컬스는 안과 질환, 알레르기 및 염증성 질환, 심혈관 및 대사 질환, 감염성 질환, 희귀 질환, 암, 통증 및 혈액 질환 치료를 위한 제품 후보를 개발하고 있다. 또한 맘모스 바이오사이언스Mammoth Biosciences와 협력해 다양한 조직과 세포 유형에 대한 체내 CRISPR 기반 유전자 편집 치료법을 개발하고 있으며, 소노마 바이오테라퓨틱스Sonoma Biotherapeutics와 함께 조절 T 세포 치료제를 개발하고 있다.

[그림 5-3] 리제네론 파마슈티컬스의 2020~2024년 주봉 차트

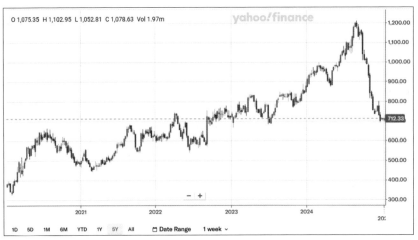

출처: Yahoo Finance

최근 5년간의 주가 차트를 보면, 아일리아와 듀피젠트의 매출 성장 및 연구개발 진전을 바탕으로 주가가 우상향을 그렸다. 글로벌 블록버스터 아일리아의 시장 독점 기간 종료에 따라 2024년 9월 이후에는 주가가 하락했다. 아일리아의 바이오시밀러와의 경쟁, 듀피젠트의 적응증 확장에 따른 매출 성장, 그 외 파이프라인의 연구개발 진전을 통해 주가가 회복세를 보일 수 있을지 귀추가 주목된다.

투자자 노트

- 바이오테크의 성공적인 운영은 장기간의 연구개발 기간 동안 자금을 조달하는 능력에 크게 좌우된다.
- 바이오테크가 주요 자산을 라이선스 아웃하면 주가가 일단 상승하는 경우가 많다. 그러나 바이오테크가 투자자의 신뢰를 유지하고 주가 모멘텀을 유지하려면 지속적으로 연구개발에 투자하고 진화하는 파이프라인을 선보여야 한다.

5.2 대형 제약회사

대형 제약회사는 다양한 제품 포트폴리오와 광범위한 연구개발 파이프라인을 보유하고 있는 다국적 거대 제약 기업으로, '빅 파마'라고 부르기도 한다.

2015년에는 25개 대형 제약회사가 미국 의약품 매출의 73%를 차지했다.[56] 전 세계에서 연간 100억 달러 이상의 매출을 올리는 의약품을 '블록버스터'라고 하는데, 대부분이 빅 파마 제품이다. 이러한 지배력은 대규모 임상시험에 자금을 지원하고, 막대한 글로벌 마케팅 비용을 흡수할 수 있는 능력

[표 5-1] 시가총액 1~10위 글로벌 제약회사(2025년 1월 기준)[57]

순위	기업명	티커	시가총액	국가
1	일라이 릴리	LLY	7,171억 달러	미국
2	노보 노디스크	NVO	3,794억 달러	덴마크
3	존슨앤존슨	JNJ	3,478억 달러	미국
4	애브비	ABBV	3,123억 달러	미국
5	머크 앤 코	MRK	2,554억 달러	미국
6	로슈	RHHBY	2,326억 달러	스위스
7	아스트라제네카	AZN	2,105억 달러	영국
8	노바티스	NVS	1,996억 달러	스위스
9	화이자	PFE	1,518억 달러	미국
10	암젠	AMGN	1,452억 달러	미국

출처: companiesmarketcap.com

[표 5-2] 2024년 글로벌 매출 상위 10 의약품[58]

제품명(성분명)	기업	2024년 매출액(달러)	대상질환
키트루다(펨브롤리주맙)	머크 앤 코	294억 8,200만	다양한 암종
오젬픽(세마글루타이드)	노보 노디스크	169억 2,300만	2형 당뇨병
빅타비(빅테그라비르/엠트리시타빈/테노포비르)	길리어드사이언스	134억 2,300만	HIV-1 감염
엘리퀴스(아픽사반)	BMS, 화이자	133억 3,300만	항응고제
듀피젠트(두필루맙)	리제네론/사노피	130억 7,200만	아토피피부염, 천식 등 다양한 면역 질환
스카이리치(리산키주맙)	애브비	117억 1,800만	판상형 건선, 건선성 관절염 등
다잘렉스(다라투무맙)	J&J	116억 7,000만	다발골수종
스텔라라(우스테키누맙)	J&J	103억 6,100만	판상형 건선, 건선성 관절염, 크론병, 궤양성 대장염
옵디보(니볼루맙)	오노, BMS	93억 400만	다양한 암종
휴미라(아달리무맙)	애브비	89억 9,300만	류마티스 관절염, 건선성 관절염 등

출처: BioSpace. "10 Best-Selling Drugs of 2024 Rake in Billions Amid Exclusivity Threats."

에서 비롯된다. 빅 파마는 블록버스터 판매를 통한 상당한 수익을 기반으로 유망 신약 후보물질의 개발권 및 판권을 사거나 다른 회사와 전략적으로 합병해 포트폴리오를 확장하고 경쟁 우위를 유지한다.

대형 제약회사 35곳의 매출총이익률, EBITDA 마진, 순이익 마진을 S&P500 기업 마진과 비교한 연구[59]에 따르면, 이들 제약회사의 매출총이익률, EBITDA 마진, 순이익 마진 중앙값이 S&P500 다른 섹터의 기업들보다 높은 것으로 나타났다. 그러나 비용을 감안할수록 그 격차는 감소했다. 이는 제약회사의 제품 원가가 상대적으로 낮지만 연구개발비, 판매관리비가 현저히 높기 때문으로 풀이된다.

대형 제약회사는 다양한 제품으로 수익을 창출해 상대적으로 주가가 안정적이며, 광범위한 파이프라인으로 인해 장기적으로 성장 가능성이 높다. 대형 제약회사는 소규모 초기 단계 바이오테크에 비해 위험 분산이 가능해 보다 안전한 투자 옵션이 된다. 또한 배당금을 지급하는 기업도 많다.

[그림 5-4] 대형 제약회사 B사의 일봉 차트

O 75.74 H 76.24 L 74.71 C 76.05 Vol 14.9m

vol undr 14,944,800.00

yahoo!finance

출처: Yahoo Finance

[그림 5-4]는 대형 제약회사 B의 일일 주가 차트다. 회사가 개발 중인 신약 후보물질의 2상 임상시험 결과를 학회에서 공개했는데, 통계적으로 유효성을 유의하게 보이기는 했으나 용량-반응 관계를 입증하는 데 실패했다. 이에 3상 임상시험 진입에 대한 우려가 제기되었고, 이 날 주가는 6% 하락했다(노란색 표시). 그러나 해당 위험이 희석되고 다른 호재가 뒤따라 주가가 회복하는 것을 볼 수 있다.

[그림 5-5]는 대형 제약회사 G의 일일 주가 차트다. 회사는 시판 중인 의약품의 폐암 적응증 확대를 위한 3상 임상시험 결과를 발표했는데, 1차 유효성 평가변수 결과가 통계적 유의성을 달성하지 못했다고 밝혔다. 그로 인해 같은 날 주가가 10% 가까이 하락했다(왼쪽 노란색 표시). 폐암 분야의 시장성이 크다는 점을 감안할 때 이러한 임상시험 결과는 투자자들에게 상당한 실망감을 안겨주었고, 그 외 긍정적인 실적 발표나 호재가 없어 한동안 주가가

[그림 5-5] 대형 제약회사 G사의 일봉 차트

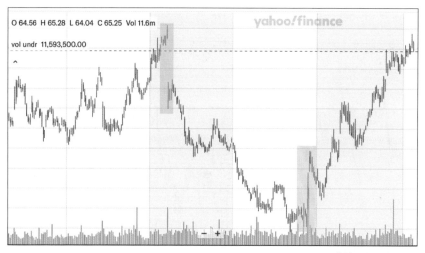

출처: Yahoo Finance

계속 하락했다. 그러나 이후 개발 중인 다른 신약 후보물질이 3상 임상시험 목표를 성공적으로 달성하면서 주가가 반등했다(오른쪽 노란색 표시). 이 사례는 대형 제약회사 주가 역시 주요 제품의 임상시험 결과에 민감하다는 점과 다양한 파이프라인의 중요성을 보여준다.

자체 연구개발의 대안으로 라이선스 계약과 인수합병이 증가하고 있지만, 대형 제약회사는 대규모 임상시험 등 여전히 상당한 연구개발 비용을 부담하고 있다. **매출 대비 연구개발비 비율을 확인하면 기업의 혁신 의지와 성장 전략에 대한 인사이트를 얻을 수 있다.** 매출 대비 연구개발비가 높다는 점은 신약 개발과 파이프라인 확장에 힘을 쏟고 있다는 걸 의미하며, 이는 경쟁 우위와 시장 리더십을 유지하는 데 중요한 밑거름이 될 것으로 기대되기 때문이다.

[표 5-3]은 업계 전반에 걸쳐 비교적 일관된 연구개발비 비율을 보여준다.[60] 미국 주식시장에 상장된 회사의 절반 이상이 매출의 20% 이상을 연구개발비로 사용하고 있다.

[표 5-3] 주요 제약바이오 기업의 2023년 매출액 및 연구개발비

기업명	매출액(달러)	연구개발비 (달러)	매출 대비 연구개발비 비중 (%)
머크	601억 1,500만	305억 3,100만	50.79
로슈	496억 4,381만	147억 3,397만 1,505	29.68
존슨앤드존슨	547억 5,900만	119억 6,300만	21.85
노바티스	454억 4,000만	136억 7,200만	30.09
아스트라제네카	458억 1,100만	109억 3,500만	23.87
화이자	585억	106억 7,900만	18.29

일라이 릴리	341억 2,410만	93억 1,340만	27.29
브리스톨 마이어스 스퀴브	450억 600만	92억 9,900만	20.66
GSK	377억 2,803만 2,000	77억 4,141만 2,000	20.52
애브비	543억 1,800만	76억 7,500만	14.13
사노피	502억 3,847만 4,800	72억 7,767만 7,600	14.49
길리어드 사이언시스	272억 8,100만	57억 1,800만	20.89
베링거인겔하임	224억 7,123만 5,800	56억 4,647만 4,000	25.13
모더나	192억 6,300만	48억 4,500만	25.15
암젠	281억 9,000만	47억 8,400만	16.97
노보 노디스크	337억 986만 9,376	47억 870만 8,000	13.97
다케다제약	286억 6,546만 25	48억	16.74
리제네론 파마슈티컬스	131억 1,720만	44억 3,900만	33.84
바이엘	195억 5,821만 7,700	35억 9,881만 5,900	18.4
버텍스 파마슈티컬스	98억 7,000만	31억 6,290만	32.05
다이이찌산쿄	113억 9,999만 1,886	25억 9,288만 717	22.74
바이오젠	98억 3,600만	24억 6,200만	25.03
아스텔라스	114억 1,403만 5,587	20억 9,385만 6,161	18.34
오츠카홀딩스	97억 1,072만 6,185	20억 7,848만 9,624	21.4
바이오엔테크	41억 3,101만 2,300	19억 2,877만 9,000	46.69

출처: drugdiscoverytrends.com

대형 제약회사의 펀더멘털을 확인하기 위해서는 연구개발비 투입 상황 외에도 수익 현황 및 재무 구조, 파이프라인 유망도, 판매 중인 제품의 특허 만료 일정 등을 살펴볼 필요가 있다. 이에 대해서는 이후에 좀 더 상세히 알아보도록 하자.

2025년 글로벌 매출
상위 의약품 전망

시장조사기관 이밸류에이트Evaluate가 2025년 1월 국제 학술지 《네이처 리뷰 드럭 디스커버리|Nature Reviews Drug Discovery》에 게재한 2025년 글로벌 매출 상위 의약품의 매출 전망[61]을 소개한다.

[그림 5-6] 2025년 글로벌 매출 상위 의약품의 매출 전망(단위: 10억 달러)

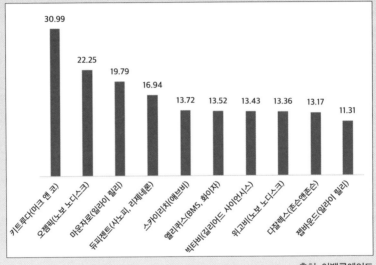

출처: 이밸류에이트

2025년 제약 업계의 주요 화두는 당뇨병과 비만이다. 오젬픽, 마운자로, 위고비, 젭바운드가 상위 10위에 포진해 있다. 네 제품의 2025년 예상 매출은 660억 달러에 달하며, 이는 상위 10위 제품 총매출의 40%를 차지한다. 오젬픽 외 3개 제품은 매출 상위 10위 제품 리스트에 처음 등장한 것이기에 놀라운 변화라 할 수 있다. 그 외 많은 회사가 당뇨 및 비만 치료제 연구개발에 투자하고 있고, 미국에서 비만 치료제의 메디케어 및 메디케이드 적용 확대에 대한 논의가 진행되고 있어 당뇨 및 비만 치료제 시장은 앞으로도 매우 역동적일 것으로 예상된다.

이러한 트렌드에도 불구하고 머크의 항PD-1 면역항암제 키트루다는 2025년에도 매출 1위를 유지할 것으로 예상된다. 키트루다의 매출은 다양한 암 치료 영역에서 이루어지고 있으며, 2024년 키트루다와 관련된 임상시험이 1,600건에 이르는 것으로 보고되었다. 향후 키트루다의 바이오시밀러가 등장할 수도 있으며, 피하주사 제형이 키트루다의 새로운 동력을 제공할 가능성도 있다. 키트루다 매출 전망에는 많은 변수가 작용할 것으로 예상된다.

듀피젠트와 스카이리치 같은 면역 질환 치료제도 여전히 매출 강세를 보이고 있으며, 엘리퀴스, 빅타비, 다잘렉스 같은 기존 제품의 선전도 예상된다.

투자자 노트

- 전 세계에서 연간 100억 달러 이상의 매출을 올리는 의약품을 '블록버스터'라고 하는데, 대부분이 빅 파마 제품이다.
- 대형 제약회사는 다양한 제품으로 수익을 창출하고 있어 상대적으로 주가가 안정적이며, 광범위한 파이프라인으로 인해 장기적으로 성장 가능성이 높다.
- 대형 제약회사 주가 역시 임상시험 결과에 민감하지만, 다양한 파이프라인을 통해 위험을 분산하고 희석할 수 있다.
- 대형 제약회사는 상당한 연구개발비를 부담하고 있다.

5.3 CRO

CROContract Research Organization는 바이오테크나 제약회사를 고객으로 하여 전임상시험, 임상시험, 개발 컨설팅, 인허가, 시장조사, 판매 지원 등 다양한 서비스를 제공하는 회사다. 제약회사나 바이오테크는 해당 업무에 필요한 인력과 시설을 유지·관리하는 데 드는 비용을 줄이면서 CRO의 전문성을 기대할 수 있기 때문에 CRO에 아웃소싱하는 추세가 점점 증가하고 있다. 내부 자원과 시스템이 부족한 소규모 바이오테크의 경우 CRO에 대한 수요가 더욱 높다.

많은 CRO의 대표 서비스는 임상시험 대행이다. 전 세계 여러 국가에 사무소를 가지고 있지 않은 **제약회사나 바이오테크는 CRO의 광범위한 글로벌 네트워크를 활용해 다국가 임상시험을 수행할 수 있다.** CRO는 임상시험 수행에 대한 전문성과 경험을 바탕으로 광범위한 임상시험 기관 네트워크를 결합하고 활용할 뿐만 아니라 임상시험 피험자 풀pool을 확장하고 빅데이터나 AI 도구를 활용해 임상시험의 효율성을 증대시키고 있다.

또한 정밀 의학precision medicine, 유전자 치료제, CAR-T, 방사성 의약품 등 첨단 기술이 적용된 신약 후보물질이 증가하면서 복잡하고 전문적인 임상시험 관리에 전문성을 갖춘 CRO에 대한 수요가 증가하고 있다. 이러한 첨단 의약품 임상시험을 다룰 수 있는 역량이 있는 CRO는 서비스 수요가 높아 이익을 얻을 가능성이 높다. 다음 페이지에 있는 [표 5-4]는 미국 주식시장에 상장된 대표적인 CRO 몇 곳을 정리한 것이다.

CRO의 고유한 장점은 임상시험 결과와 관계없이 수익을 창출할 수 있다는 것이다. 임상시험 결과가 목표를 충족시키지 못하더라도 CRO는 임상시험 관리 및 수행에 대한 수입을 얻는다. 더욱이 바이오테크와 제약회사는 CRO와 임상 개발의 여러 단계를 포괄하는 다년 계약을 체결하는 경우가 많다. 임상 개발 초기 단계에 CRO가 임상시험 프로젝트를 수주하면 신약 개발이 진행됨에 따라 상당한 수익 가시성을 얻을 수 있다.

다만 몇몇 특정 고객사에 크게 의존하는 CRO는 고객사가 아웃소싱 예산

[표 5-4] 미국 주식시장에 상장된 주요 CRO

기업명	시가총액[62]	설명
써모 피셔 사이언티픽 (Thermo Fisher Scientific, TMO)	2,347억 8,600만 달러	다양한 실험실 장비, 소모품, 진단 장비 및 서비스를 제공하는 기업. 2021년에 CRO 기업 PPD를 인수했다. 임상시험 서비스는 매출의 약 10%를 차지하고 있다.
아이큐비아 홀딩스 (IQVIA Holdings, IQV)	448억 7,800만 달러	임상시험, 데이터 분석, 컨설팅, 기술 중심 솔루션 등 광범위한 서비스를 통해 제약, 생명 공학 및 의료 기기 회사를 지원하는 기업. 컨설팅 기업 IMS 헬스IMS Health와 CRO 기업 퀸타일즈Quintiles가 2016년 합병돼 탄생했다. 임상시험 서비스는 매출의 약 50%를 차지하고 있다.
아이콘 퍼블릭 리미티드 컴퍼니 (ICON Public Limited Company, ICLR)	268억 2,800만 달러	임상시험 서비스가 매출의 90% 이상을 차지하는 임상시험 서비스 전문 기업. 2021년에 CRO 기업 PRA 헬스사이언스PRA Health Sciences를 인수했다.
랩코프 홀딩스 (Labcorp Holdings, LH)	190억 9,800만 달러	혈액 검사, 유전자 검사, 병리학 서비스 등 광범위한 검사 및 진단 서비스를 제공하는 세계적인 임상실험실 네트워크 기업. 2015년에 임상시험 및 신약 개발 대행 기업 코반스Covance를 인수했다. 임상시험 서비스는 매출의 약 30%를 차지하고 있다.
메드페이스 홀딩스 (Medpace Holdings, MEDP)	121억 6,000만 달러	임상시험 서비스가 매출의 90% 이상을 차지하는 임상시험 서비스 전문 기업
찰스 리버 래보라토리스 인터내셔널(Charles River Laboratories International, CRL)	105억 1,500만 달러	신약 개발의 초기 단계에서부터 전임상시험 단계까지의 연구를 지원하는 강점을 가지고 있는 기업. 매출의 상당 부분이 전임상시험 서비스로부터 비롯된다.

을 줄이거나 공급자를 전환하기로 결정하면 수익 위험에 직면할 수 있으므로, 투자에 앞서 해당 CRO 기업이 특정 고객사 의존노가 높은시 확인해볼 필요가 있다. 또한 주요 제품의 특허 만료를 앞두고 있거나 경기침체기에는 제약회사가 연구개발비 절감을 위해 CRO 아웃소싱을 줄이는 경향이 있으므로 CRO의 수익이 영향을 받을 수 있다.

5.4 CDMO

CDMOContract Development and Manufacturing Organization는 의약품 위탁생산업체Contract Manufacturing Organization, CMO와 위탁개발업체Contract Development Organization, CDO를 통합해 일컫는 용어로, 말 그대로 의약품의 개발·제조를 위탁받아 수행하는 회사다. CDMO 서비스는 의약품 개발 전 주기를 포함하지만, 그중 주요 서비스 분야는 약물 개발 및 공정 규모 확대, 시험법 이전tech transfer, 임상시험용 원료 의약품 및 완제 의약품 생산, 상업용 원료 의약품 및 완제 의약품 생산이다.

2022년 캐털란트Catalent가 발표한 자료에 따르면, 2021년 글로벌 의약품 생산 중 약 39%가 아웃소싱되었으며, 지난 5년간 새롭게 승인된 약물 중 최대 50%가 외부에서 생산된 것으로 추정된다. 이는 의약품 제조에 대한 CDMO의 의존도가 높아졌다는 것을 뜻한다. 시장조사업체 NOANova One

[그림 5-7] 글로벌 CDMO 시장 규모 전망(단위: 10억 달러)

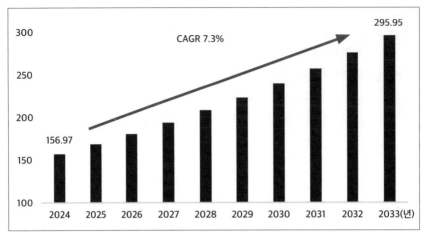

출처: NOA

Advisor의 보고서에 따르면, 글로벌 CDMO 시장 규모는 2023년 1,462억 9,000만 달러로 평가되었으며, 2024년부터 2033년까지 연평균 7.3% 성장해 2033년에는 2,959억 5,000만 달러에 달할 것으로 예상된다.[63]

제약회사는 CDMO와의 파트너십을 통해 CDMO의 전문 지식을 활용할 수 있어 자체 제조시설과 인력 유지 및 개발에 필요한 부담을 줄일 수 있다. 또한 제조 대신 신약 발굴, 임상시험, 마케팅 등 전문성이 높은 핵심 역량에 자원을 집중할 수 있다.

CDMO는 바이오테크, 제약회사 고객과의 장기 계약을 통해 대부분의 수익을 창출한다. 이러한 계약은 제제 개발 같은 특정 개발 단계에 대한 단기 계약부터, 신약 후보물질 발굴부터 상업적 생산까지 전체 개발 프로세스를 포괄하는 다년 계약에 이르기까지 범위와 기간이 크게 다를 수 있다.

CDMO는 일반적으로 서비스별 수수료 모델로 운영되며, 세포주 개발, 프로세스 최적화, 임상시험 재료 생산, 대규모 제조 등 개별 서비스에 대해 고객에게 비용을 청구한다. 수수료는 작업의 복잡성과 범위에 따라 달라진다. 일부 CDMO 계약에는 임상시험 완료, 규제기관 승인 같은 특정 마일스톤(이정표)이 달성될 때 발생하는 마일스톤 지불이 포함될 수 있다.

CDMO의 펀더멘털을 확인하기 위해 주의 깊게 살펴야 할 것은 제조소 현황 및 규모, 수주 이력(트랙레코드), 기술력이다. CDMO의 주요 고객은 막대한 글로벌 수요를 충족시키고자 하는 회사들이며, 이 수요를 충족시키기 위해서는 첨단 의약품을 우수한 품질로 제조할 수 있는 기술력과 충분한 규모의 제조시설이 필요하다. 제조 규모를 확장하면서도 고품질 제품을 일관되게 생산할 수 있으려면 제조 공정을 최적화하고 공정 지표, 중간 생산물 및 최종 생산물이 품질 기준에 걸맞도록 해야 하는데, 이는 경험과 기술이 필요한 부분이다. CDMO의 기술력과 전문성을 판단하는 데 있어 수주 이력은 유용한 정보가 된다. 특정 의약품 종류나 제형, 제조 공정에 전문성을 갖추고 있는 CDMO도 경쟁 우위에 있다고 볼 수 있다.

주요 CDMO 업체로는 캐털란트, 삼성바이오로직스, 론자Lonza, 우시앱텍WuXi AppTec, 파테온Patheon을 인수한 써모피셔 사이언티픽Thermo Fisher Scientific, 시그프리드Siegfried, 레시팜Recipharm, 베링거인겔하임 바이오엑설런스Boehringer Ingelheim BioXcellence 등이 있다. 이 중 캐털란트CTLT와 써모피셔 사이언티픽TMO은 뉴욕증권거래소와 나스닥에 상장되었으며, 나머지 기업은 미국예탁증서ADR나 장외거래OTC를 통해 투자가 가능하다. 우리나라의 CDMO 업체로는 삼성바이오로직스 외에도 바이넥스, 에스티팜, 프레스티지바이오로직스, 에이프로젠바이오로직스 등이 있다. 셀트리온 역시 CDMO와 임상시험 수탁 업무까지 포괄하는 자회사를 설립하고 자금을 투자해 제조시설을 짓겠다는 계획을 발표했다. [64]

바이오리액터(생물반응기)란?

바이오 의약품은 화학 의약품과 달리 단백질, 항체와 같이 크고 복잡한 분자인 경우가 많아 제조에 특수한 공정과 장비가 필요하다. CDMO의 바이오 의약품 제조 규모는 보통 제조소가 보유한 총 바이오리액터Bioreactor 용량으로 설명된다. 바이오 의약품 생산 공정에는 보통 세포 배양 또는 발효가 포함되는데, 바이오리액터는 세포 배양 또는 발효에 사용되는 온도, 습도, pH, 압력 등을 조절할 수 있는 탱크라고 이해하면 된다. 제품과 공정 조건에 따라 다르나, 세포 배양에 필요한 시간은 19~45일 정도로, 비교적 긴 시간이 필요하다. 세포 배양 기간이 제조에 소요되는 시간(리드타임)을 결정하므로, 세포 배양 규모가 제조의 경쟁력이 되고, 이에 CDMO는 바이오리액터 증설에 많은 투자를 하고 있다. 2025년 4월 18만 리터 규모의 5공장 완공을 앞둔 삼성바이오로직스가 6공장 착공을 추진해 세계 1위 수준으로 끌어올리겠다는 포부를 밝힌 바 있다.[65]

[그림 5-8] 바이오 의약품의 제조 과정

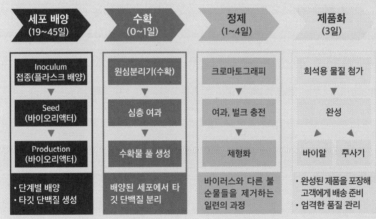

출처: 삼성바이오로직스, NH투자증권

투자자 노트

- CDMO 서비스는 의약품 개발 전 주기를 포함하지만, 그중 주요 서비스 분야는 약물 개발 및 공정 규모 확대, 시험법 이전, 임상시험용 원료 의약품 및 완제 의약품 생산, 상업용 원료 의약품 및 완제 의약품 생산이다.
- CDMO의 펀더멘털을 확인하기 위해 주의 깊게 살펴야 할 것은 제조소 현황 및 규모, 수주 이력(트랙레코드), 기술력이다.

5.5 제네릭 및 바이오시밀러 회사

제네릭 및 바이오시밀러 회사들은 특허 존속 기간이 만료된 오리지널 의약품과 동등·유사하면서 저렴한 의약품을 시장에 제공한다. 이들 기업의 주가는 오리지널 의약품의 특허 존속 기간 만료, 경쟁 상황, 규제 승인과 같은 요인에 영향을 받는다. 시장에서 성공을 거둔 오리지널 제품의 제네릭 및 바이오시밀러를 특허 존속 기간 만료 시점에 맞춰 빠르게 출시해 시장점유율을 높이는 것이 제네릭 및 바이오시밀러 기업의 주요 역량이다. 또한 바이오시밀러 사용에 대한 정부 인센티브 등 바이오시밀러 채택을 장려하는 의료 정책이 바이오시밀러의 성공에 큰 영향을 미친다.

제네릭 및 바이오시밀러 회사에 투자하려면 기본적인 수익 및 재무 구조, 판매 중인 제품과 개발 중인 파이프라인을 확인하는 것과 더불어, 오리지널 의약품의 특허 존속 기간 만료 직후 제품을 출시한 이력이 있는지 확인해볼 필요가 있다. 빠른 출시가 시장점유율 확보에 큰 도움이 되기 때문이다. 해당 질환군 시장에 기존에 판매 중인 의약품이 있으면 금상첨화다. 이외에도 **시장에 효과적으로 침투하는 마케팅 및 영업 역량, 넓은 시장 커버리지(도달 범위), 가격 경쟁력을 갖추고 있다면 제네릭 및 바이오시밀러의 경쟁 우위를 기대해볼 수 있다.**

대표적인 국내 바이오시밀러 회사로는 셀트리온, 삼성바이오에피스 등이 있으며, 미국 주식시장에 상장된 회사로는 암젠**AMGN**, 화이자**PFE**, 산도즈**SDZNY**, 코히러스 바이오사이언스**Coherus Biosciences, CHRS**, 오가논**Organon, OGN** 등이 있다. 미국 주식시장에 상장된 주요 제네릭 업체로는 테바제약**Teva Pharmaceuticals, TEVA**, 비아트리스**Viatris, VTRS**, 닥터 레디스 래보라토리스**Dr. Reddy's Laboratories, RDY** 등이 있다.

우리나라의 제약바이오 기업

[표 5-5]는 우리나라 주식시장에 상장된 시가총액 상위 제약바이오 기업을 정리한 것이다.

[표 5-5] 국내 시가총액 상위 제약바이오 기업(2024년 12월 기준)

기업명	시가총액	소개
삼성바이오 로직스	67조 8,000억 원	바이오 의약품의 개발, 생산, 상업화를 전문으로 하는 CDMO. 세계적인 수준의 생산 능력(총 604KL)을 확보했으며, 2025년 완공 예정인 제5공장 증설을 통해 경쟁력을 확대해 나가고 있다. 다수의 글로벌 제약사와 바이오 의약품 생산 계약을 보유하고 있다.

셀트리온	36조 1,000억 원	렘시마, 트룩시마, 허쥬마 등 바이오시밀러를 개발해 전 세계 110개 이상 국가에서 제품을 판매하고 있는 대표적인 바이오시밀러 기업. 오말리주맙, 데노수맙, 토실리주맙 등의 바이오시밀러를 개발하고 있으며, 항체–약물접합체ADC 신약 개발에 돌입해 임상시험을 진행할 계획이다.
알테오젠	15조 2,000억 원	독창적인 인간 히알루로니다제ALT-B4 기술 플랫폼을 보유한 바이오 기업. 이 기술은 정맥주사형 약물을 피하주사형으로 전환 가능하게 함으로써 환자의 편의성을 크게 향상시켜줄 것으로 기대된다. 여러 글로벌 제약사와 기술 이전 계약을 체결해 로열티 수익이 예상되며, 앞으로의 계약 성사 가능성에 시장이 주목하고 있다. 특히 ALT-B4 기술이 적용된 블록버스터 항암제 키트루다의 피하주사 제형이 FDA 허가를 받고 출시된다면 알테오젠이 받을 기술료도 크게 늘어 실적 성장을 견인할 전망이다.
유한양행	8조 2,000억 원	국내 최대 매출의 제약회사. 글로벌 제약사 얀센Janssen과 공동 개발 및 기술 수출 계약을 체결한 비소세포폐암 치료제 레이저티닙이 2024년 미국과 유럽에서 품목 허가를 받았으며, 이에 따른 로열티 수익이 기대된다. 또한 2025년에 미국 스파인 바이오파마Spine BioPharma에 기술 수출한 YH14618의 퇴행성 요추디스크 3상 임상시험 결과가 발표될 예정이다.
SK바이오팜	7조 6,000억 원	SK그룹의 계열사로, 중추신경계 질환 치료제 개발에 주력하는 신약 개발사. 뇌전증 치료제 신약 세노바메이트를 개발해 미국과 유럽에서 품목 허가를 받았다. 미국에 현지 법인을 세우고 성공적인 상업화를 진행하고 있다.
리가켐바이오	3조 6,000억 원	독보적인 항체–약물접합체ADC 기술에 대해 다수의 글로벌 제약사와 기술 이전 계약을 체결했다. 25개의 ADC 파이프라인을 보유하고 있다. 또한 글로벌 임상 개발 역량을 강화해 자체 신약의 상업화를 추진하고 있다. 삼성바이오로직스와 ADC 사업 협력을 위한 업무 협약을 체결해 파이프라인 개발을 가속화하는 노력을 기울이고 있다.
SK바이오사이언스	3조 5,000억 원	백신 및 바이오 의약품의 개발, 생산, 상업화를 전문으로 하는 기업. mRNA, 바이러스 벡터 등 차세대 기술을 활용한 백신 개발에 주력하고 있다. 코로나19 백신을 자체 개발했으며, 아스트라제네카 및 노바백스의 코로나19 백신의 위탁 생산을 수행한 바 있다.

한미약품	3조 1,000억 원	항암제, 대사 질환, 희귀 질환 등 다양한 신약 파이프라인을 보유하고 있는 기업. 다수의 신약 후보물질을 글로벌 제약사에 기술 이전한 이력이 있다. 자체 개발한 호중구감소증 치료제 신약 '롤론티스(에플라페그라스팀)'는 2022년에 미국 FDA 허가를 받았다. 개발 중인 비만 치료제가 2023년 3상 임상시험에 진입했으며, 비알코올성 지방간염 치료제, 항암제 등 다양한 파이프라인이 2상 임상시험 단계에 있다.
삼천당제약	2조 1,000억 원	국내 안과 의약품 시장점유율 1위 기업. 안과 질환 치료제를 중심으로 다양한 제품군을 보유하고 있다. 글로벌 블록버스터 '아일리아'의 바이오시밀러를 개발해 3상 임상시험을 진행하고 있다.
셀트리온제약	2조 1,000억 원	셀트리온이 개발한 바이오시밀러 제품의 국내 판매를 담당하고 있으며, 그 외 다수의 제네릭 의약품 개발·생산을 수행하고 있다. 신약 및 개량신약 개발을 위한 투자를 지속하고 있다.

보건복지부는 '제약 산업 육성 및 지원에 관한 특별법'에 따라 연구개발 투자 비중이 일정 수준 이상이고, 신약 연구개발 실적이 우수한 기업들을 평가해 혁신형 제약 기업으로 인증하고 있다. **혁신형 제약 기업은 정부 지원 사업 참여 시 가점을 받을 수 있고, 약가 우대, 세제 혜택, 인허가 지원을 받을 수 있다.** 이 중 코스닥 상장기업은 상장기업 관리 요건 특례를 적용받아 상장 유지 요건 중 하나인 매출액 30억 원 요건을 면제받을 수 있다.

[표 5-6] 혁신형 제약 기업 인증 현황(2024년 12월 기준)[66, 67]

구분	기업명
일반 제약사 (33곳)	SK바이오사이언스, SK바이오팜, 녹십자, 동구바이오제약, 동국제약, 동아ST, 동화약품, 대웅제약, 대원제약, 대화제약, 메디톡스, 보령, 부광약품, 삼양홀딩스, 셀트리온, 신풍제약, 에스티팜, 에이치케이이노엔, 온코닉테라퓨틱스, 유한양행, 이수앱지스, 일동제약, 태준제약, 파미셀, 한국비엠아이, 한국팜비오, 한독, 한림제약, 한미약품, 한올바이오파마, 현대약품, LG화학, SK케미칼
바이오벤처사 (12곳)	브릿지바이오테라퓨틱스, 비씨월드제약, 알테오젠, 올릭스, 에이비엘바이오, 제넥신, 지아이이노베이션, 코아스템, 큐로셀, 큐리언트, 테고사이언스, 헬릭스미스

외국계 제약사 (4곳)	암젠코리아, 한국아스트라제네카, 한국얀센, 한국오츠카

 투자자 노트

- 제네릭 및 바이오시밀러 회사들은 특허가 만료된 오리지널 의약품과 동등 또는 유사한 의약품을 생산·유통하며, 오리지널 의약품 대비 저렴한 대안을 시장에 제공한다.

- 제네릭 및 바이오시밀러 회사는 오리지널의 특허 만료 시점에 맞춘 발빠른 제품 출시 능력, 해당 질환군 시장에 빠르게 침투하는 마케팅 및 영업 역량, 넓은 시장 커버리지, 가격 경쟁력을 갖추어야 시장에서 우위를 점할 수 있다.

5장 제약바이오 주식의 유형 155

6 제약바이오 투자 종목 고르기

BIOPHARMACEUTICAL

투자의 시작은 좋은 주식을 고르는 것이다. 이번 장에서는 투자할 만한 제약바이오 주식을 식별하는 근본적인 프레임워크를 제시하고자 한다. 지금부터 소개할 항목들은 어떤 기업이 100% 충족해야 할 체크리스트가 아니다. 소규모 바이오테크인지, 대형 제약회사인지, CDMO인지, CRO인지 회사의 특성과 현황에 따라 중점을 두어야 할 평가 항목이 다르다. 투자자 스스로 특정 종목을 선택한 이유를 구체적인 스토리로 만드는 도구로 이 항목들을 활용하길 바란다. 제약바이오 기업을 볼 때 무엇부터 살펴보아야 할지 막막하다면 기본적인 길잡이가 되어줄 것이다.

6.1 리스크 평가 요소(4M)

앞서 이야기한 제약바이오 산업의 특성과 역동성은 투자 기회이자 리스크로 작용한다. 정부가 의약품 가격을 통제하고 가격 인하 정책을 시행하기

[표 6-1] 제약바이오 투자 종목 선택을 위한 항목

분류	평가 항목	잠재적 투자자의 질문
리스크 평가	시장 독점 전략 (Market exclusivity strategy)	• 주요 제품의 시장 독점 기간이 언제 만료되는가? • 시장 독점 기간 만료에 대비한 회사의 전략이 명확한가?
	시장 경쟁(Market competition)	경쟁 제품의 상황이 위협적인가?
	재무안정성(Monetary stability)	재무제표 및 R&D 지출 비중 트렌드에 우려 사항은 없는가?
	개발 단계(Milestone phase)	주요 미래 자산의 임상시험 단계는 어떠한가?
성장 잠재력 평가	파트너십 잠재력 (Partnership potential)	• 기술 수출, 라이선싱 잠재력이 높은가? • 든든한 파트너십을 가지고 있는가?

	파이프라인 경쟁력
	(Pipeline competitiveness)
		파이프라인의 경쟁력이 높은가?
		① 파이프라인의 개수 및 성숙도
		② 대상 질환과 적응증(의학적 미충족 수요가 있는가?)
		  – 널리 알려진 질환인가? 희귀 질환인가?
		  – 해당 질환에 기존에 사용 중인 치료제가 있는가?
		  – 기존 치료제보다 유효성을 개선시켜주는가?
		  – 해당 질환 치료제로서 새롭게 도입되는 기전인가?
		  – FDA 신속심사제도를 활용할 수 있는가?
		  – 의학적 미충족 수요를 보완해주는 다른 요소를 갖추고 있는가?

	검증된 이력 (Proven track record)	경영진, R&D 책임자의 성공 이력이 어떠한가?
	제품 영향력(Product power)	주요 제품의 강력한 매출 상승이 기대되는가?

때문에 제약회사의 수익성 감소를 야기할 수 있다. 또한 규제 환경이 엄격하다 보니 기업 입장에서는 규제 준수에 필요한 비용이 상승하고, 막대한 투자에도 불구하고 소수의 약물만이 임상시험을 통과해 시판 허가를 받다 보니 실패에 대한 매몰비용이 발생한다. 지정학적 갈등과 보호주의 무역 정책은 주요 시장에 대한 접근을 방해하고 공급망에 영향을 미쳐 지연, 추가 비용 또는 수익 손실을 초래할 수 있다. 특히 원료 및 주성분은 복잡한 글로벌 공급망에 의존하는 경우가 많기 때문에 규제 변화, 자연재해, 지정학적 갈등으로 인한 공급 이슈로 제품 생산이 영향을 받을 수 있다.

수익성과 시장 리더십을 유지하면서 이러한 위험을 탐색하려면 규제, 경제 및 경쟁 환경에 대한 지속적인 경계와 적응이 필요하다. 특히 소송, 정부 조사, 정부의 약가 인하 압력, 금리 등 경제 변동, 무역 규제, 지정학적 불안정으로 인한 임상시험 중단, 공급망 중단과 같이 사전 예상과 분석이 어려운 환경 요인에 의한 리스크는 꾸준한 모니터링을 통해 적절히 대응해야 한다.

어떠한 리스크가 있다 해도 기업의 대응과 주주 커뮤니케이션이 무엇보다 중요하다. 기업이 선제적인 조치를 취하고 효과적인 비용 관리 전략을 실행하며 주주와 투명하고 시의적절한 커뮤니케이션을 유지하는 것은 투자 심리를 안정시키고 투자자의 신뢰를 유지하는 데 큰 도움이 된다. 당장의 주가 하락은 피할 수 없다 해도 기업에 대한 장기적인 신뢰를 쌓을 수 있는 경우도 있다. 어떤 중요한 사안이 발생했을 때 기업이 주주와 어떻게 커뮤니케이션하는지도 반드시 확인해볼 필요가 있다.

이 복잡한 산업 내에서 주식투자 리스크를 더욱 잘 관리하기 위해 네 가지 핵심 요소로 구성된 '4M' 프레임워크 평가를 제안한다.

[표 6-2] 제약바이오 기업 투자 리스크 평가

4M	잠재적 투자자의 질문
Market exclusivity strategy	• 주요 제품의 시장 독점 기간이 언제 만료되는가? • 시장 독점 기간 만료에 대비한 회사의 전략이 명확한가?
Market competition	경쟁 제품의 상황이 위협적인가?
Monetary stability	재무제표 및 R&D 지출 비중 트렌드에 우려 사항은 없는가?
Milestone phase	주요 미래 자산의 임상시험 단계는 어떠한가?

① Market exclusivity strategy(시장 독점 전략)

- 주요 제품의 시장 독점 기간이 언제 만료되는가?

- 시장 독점 기간 만료에 대비한 회사의 전략이 명확한가?

회사 매출에서 차지하는 비중이 높은 제품의 미국 시장 독점 기간을 확인하자. 특허 존속 기간과 자료 독점 기간 중 후자 일까지가 제네릭 및 바이오시밀러 방어가 가능한 시장 독점 기간이다. 자료 독점 기간은 화학 의약품일 경우 FDA 최초 품목 허가일로부터 5년, 바이오 의약품일 경우 FDA 최초 품목 허가일로부터 12년이다. 특허 존속 기간은 FDA Orange Book(화학 의약품)과 FDA Purple Book(바이오 의약품) 온라인 데이터베이스에서 검색해 확인할 수도 있지만, 회사의 에버그린 전략 및 특허 소송 결과에 따라 시장 독점 기간이 달라질 수 있으므로 추천하지 않는다. 그보다는 구글에서 검색하거나 최신 뉴스를 모니터링하는 것이 더욱 효과적이다.

어떤 제품의 시장 독점 기간 만료가 2~3년 내로 다가오고 있다면 제네릭 및 바이오시밀러 개발 소식을 쉽게 접할 수 있다. 오리지널 제품이 성공을 거두었다면 당연히 제네릭 및 바이오시밀러 개발 열기가 높다. 제네릭 개발은 1상 임상시험 정도가 요구되는 경우가 많은 반면, 바이오시밀러 개발은 그 자체가 기술적으로 까다롭고 오리지널과 비교하는 3상 임상시험을 수행해야 해 보다 미리 시작한다.

미국 바이오시밀러 허가 현황은 FDA Purple Book 온라인 데이터베이스 https://purplebooksearch.fda.gov에서 확인할 수 있다.

주요 제품의 시장 독점 기간 만료로 경쟁사에서 제네릭 및 바이오시밀러를 출시하면 오리지널 제품의 매출이 영향을 받을 수밖에 없다. 시장점유율을 높게 유지하더라도 제네릭 및 바이오시밀러 가격에 따라 가격 인하가 불

[그림 6-1] FDA Purple Book 온라인 데이터베이스 검색창

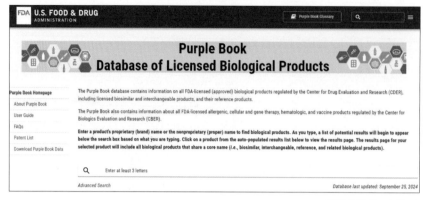

가피하기 때문이다. 오리지널 의약품 회사는 제네릭 및 바이오시밀러와의 경쟁에 직면했을 때 시장독점성을 확대하고 수익을 보호하기 위해 법적·규제적·상업적·과학적 전략을 조합해 사용한다. 구체적인 방어 전략으로는 특허 에버그린 전략, 제형 변경 및 적응증 확장, 포트폴리오 강화, 인수합병 등이 있다. 오리지널 의약품 회사의 실적 발표 자료나 회의록에 시장 독점 기간 만료에 대비한 계획이나 비전이 제시되어 있는지 반드시 확인해볼 필요가 있다.

② Market competition(시장 경쟁)

- 경쟁 제품의 상황이 위협적인가?

출시된 제품은 물론이고, 개발 중인 경쟁 제품의 개발 상황과 출시 상황을 살펴보아야 한다. 임상시험 데이터(안전성 및 유효성) 면에서나 마케팅 능력 면에서 강력한 경쟁 제품이 이미 시장에 있거나 향후 등장할 것으로 예상되는 경우 주가에 선반영될 가능성이 크다.

어떤 작용기전이 신약 개발 성공 가능성이 높다는 것을 보여주는 데이터가 축적될수록 더 많은 경쟁 제품이 등장한다. 비만 치료제로 개발 중인 GLP-1 유사체는 이미 수십 종이고, 폐암 치료제로 개발된 EGFR 수용체 억제제 역시 수십 종이다. 비알코올성 지방간염NASH의 경우 GLP-1 수용체 작용제와 THR-β 수용체 작용제라는 서로 다른 작용기전 의약품이 경쟁적으로 개발되고 있다. 투자자가 약물의 세부적인 작용기전까지 이해할 필요는 없지만, 경쟁 상황 모니터링을 위해 R&D 트렌드를 유의 깊게 살펴보는 것이 좋다.

객관적인 임상시험 데이터가 보다 나은 약물이 시장점유율이 높을 가능성이 크지만, 유효성 및 안전성이 크게 다르지 않다면 시장에 먼저 출시된 약물, 회사가 마케팅 능력으로 환자의 니즈를 제대로 공략하는 약물이 시장을 장악할 수 있다. 경쟁 제품의 임상시험 결과와 FDA 허가 일정을 모니터링해 자신이 투자할 회사의 실적에 미칠 영향을 고려하자. 경쟁 상황을 분석하고 마케팅 능력을 가늠하기 위해서는 시장 접근 범위가 어떤지(글로벌 공급이 가능한지), 회사가 영업 인력을 전략적으로 얼마나 투입하는지, 시너지를 낼 수 있는 기존 판매 제품이 있는지, 회사 브랜드 인지도가 높은지, 판매 파트너십이 있는지 등을 살펴보는 것이 중요하다.

First in class와 Best in class, 무엇이 더 나을까?

'First in class'는 특정 질병이나 상태를 치료하는 새로운 기전의 첫 번째 약물을 말한다. 지금까지 사용된 다른 약물들과 다른 메커니즘으로 작용하는 약물이다. 이 약물은 기존 치료법과 다르게 새로운 타깃을 공략하거나 새로운 방법으로 질병을 치료하기 때문에 매우 중요한 혁신으로 여겨지고, 임상적 차별성도 높다. 새로운 기전이면서 기존 치료제 대비 환자에게 주는 이익이 확실하고 후발 경쟁약들과 개발 시간차가 벌어져 있다면 금상첨화.

'Best in class'는 유사한 기전으로 작용하는 약물들 중에서 유효성이 가장 우수하거나 부작용이 적어 최고의 성과를 보이는 약물을 말한다. 'First in class' 약물이 특정 질병에 대한 새로운 접근법을 처음으로 제시했다면, 'Best in class' 약물은 그와 비슷한 다른 약물들 중에서 가장 우수한 안전성 및 유효성을 보이는 약물이다. 'Best in class' 약물은 동일한 타깃이나 메커니즘을 사용하면서도 더 높은 효과를 보이거나, 부작용이 덜하거나, 더 편리하게 복용할 수 있는 형태로 개발되었기 때문에 의료 현장에서 선택된다. 어떤 질병을 치료하는 약물이 여러 가지가 있다 해도 그중 하나가 다른 약물들보다 치료 효과가 좋고 환자들이 더 잘 받아들일 수 있다면, 그 약물이 'Best in class'인 것이다. 그래서 'Best in class' 약물은 비록 후발 주자라 해도 'First in class' 약물이 선점한 시장을 점유해 나가고, 이는 기업의 수익으로 연결된다.

FDA로부터 허가를 받은 최초의 GLP-1 유사체 약물은 아밀린 파마슈티컬스Amylin Pharmaceuticals가 일라이 릴리와 협력해 개발한 2형 당뇨병 치료제 바이에타(엑세나타이드)였다. 2005년에 FDA 허가를 받은 이 약은 1일 2회 투여하는 것이었다. 2010년에는 노보 노디스크가 1일 1회 투여 가능한 빅토자(리라글루타이드)를, 2014년에는 일라이 릴리가 주 1회 투여 가능한 트루리시티(둘라글루타이드)를 허가받았다. 이후 대상 질환을 변경해 비만 치료제로서 처음 FDA 허가를 받은 GLP-1 유사체 약물은 노보 노디스크의 삭센다(리라글루타이드)였다. 노보 노디스크는 이후 세마글루타이드를 2형 당뇨병 치료제 오젬픽 및 비만 치료제 위고비로 각각 허가받았다. 일라이 릴리는 GIP 수용체와 GLP-1 수용체에 이중 작용하는 터제파타이드를 개발해 2형 당뇨병 치료제 마운자로와 비만 치료제 젭바운드를 각각 허가받았다.

2005년에 당뇨병 치료제로 시장에 처음 등장한 GLP-1 유사체는 GLP-1 뿐만 아니라 다른 수용체에도 작용하는 복합 기전, 주사제가 아닌 경구제제로의 제제 개발 등 개발 열기가 뜨겁다. 당뇨와 비만이라는 거대한 시장에서 'Best in class'가 되기 위한 노력이다. 마켓 앤 마켓Markets and Markets의 자료[68]에 따르면, GLP-1 유사체의 글로벌 시장 규모는 2024년 474억 달러에서 2032년 4,711억 달러로 연평균 33.2% 성장할 것으로 예상된다.

③ Monetary stability(재무 안정성)

- 재무제표 및 R&D 지출 비중 트렌드에 우려 사항은 없는가?

나스닥 바이오테크 지수NBI 구성 기업 중 약 80%는 영업이익이 없다. 영업이익이 없는 바이오테크는 대부분 현금 흐름이 마이너스이기 때문에 PER, ROE 같은 일반적인 밸류에이션 방법이 적용되기 어렵다. 이러한 바이오테크의 재무건전성에는 현금보유액이 매우 중요하다.

• 현금보유액

대차대조표의 유동자산current asset 항목에서 회사의 현금보유액과 현금

[그림 6-2] 바이오테크 R사의 현금보유액 추세

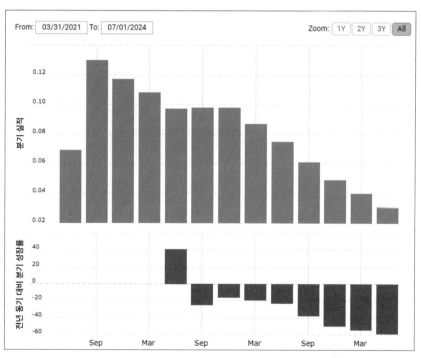

출처: Macrotreds.net

[그림 6-3] 바이오테크 V사의 현금보유액 추세

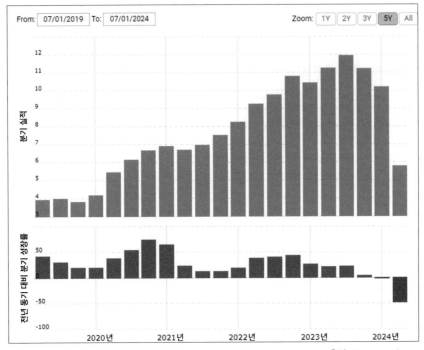

From: 07/01/2019 To: 07/01/2024   Zoom: 1Y 2Y 3Y 5Y All

출처: Macrotrends.net

보유 추세를 확인해 회사가 지속적으로 자금을 조달하고 있는지 체크해야 한다. Macrotrends.net에서 기업 티커를 검색하면 간편하게 확인할 수 있다.

Macrotrends.net에서 나스닥 상장 바이오테크 중 매출이 없는 R사와 매출이 발생하고 있는 V사의 현금보유액 추세를 확인해 [그림 6-2], [그림 6-3]으로 정리했다. R사의 경우 현금보유액이 확연이 감소하고 있으므로 부채 현황, R&D 투자 현황, 회사의 자금 충당 계획 등을 보다 면밀히 살펴보아야 한다. V사는 현금보유액이 계속 증가하다가 최근 분기에 감소했는데, 뉴스와 IR 자료를 통해 최근 다른 소규모 바이오테크를 인수해 IPR&D(인수 중인 연구개발) 지출이 크게 증가했다는 것을 확인할 수 있었다.

• 소각율

현금흐름표cash flow statement에서 영업 현금cash from operations은 핵심 비즈니스 활동에서 회사의 순 현금 유입 또는 유출을 보여준다. 매출이 발생하지 않는 바이오테크의 경우 연구개발에 투자하고 운영을 확장해 영업 현금 흐름이 마이너스인 것이 일반적이다. 투자자는 회사가 수익성이 있을 때까지 이러한 손실을 감당할 만큼 충분한 현금보유량이나 자금을 보유하고 있는지 평가해야 한다.

소각율은 회사가 현금을 지출하는 비율을 뜻한다. 현금보유액을 회사의 분기별 현금 지출과 비교해 회사가 수익을 창출하거나 더 많은 자본을 조달하지 않고도 운영을 계속할 수 있는 기간을 추정한다. 통상 최소 24개월은 회사가 버틸 수 있는 현금을 보유하고 있는 것이 이상적이라고 말하지만, 회사의 여러 현황과 계획에 따라 평가가 달라질 수 있다.

[그림 6-4] 바이오테크 R사의 대차대조표 일부

Quarterly Data | Millions of US $ except per share data	2024-06-30	2024-03-31	2023-12-31	2023-09-30	2023-06-30	2023-03-31	2022-12-31
Revenue							
Cost of Goods Sold							
Gross Profit							
Research And Development Expenses	$6,115	$7,586	$7,606	$11.22	$11,086	$9,712	$10.38
SG&A Expenses	$6,409	$6,448	$5,828	$6,635	$7,208	$6,804	$7.09
Other Operating Income Or Expenses							
Operating Expenses							

출처: Macrotrends.net

앞서 예로 든 바이오테크 R사의 경우 Macrotrends.net에서 재무제표를 확인해보니 최근 분기 현금보유액은 3,090만 달러이고, 연구개발비와 일반관리비로 분기당 약 1,300만 달러를 사용하고 있었다. 이를 통해 현금보유액의 추세가 감소하고 있을 뿐만 아니라 소각율 측면에서도 현금이 부족한 상황임을 가늠할 수 있다(최근 R사는 새로운 기관 투자를 유치했다고 발표했다).

• 부채 대 자기자본 비율

바이오테크는 자기자본 조달에 크게 의존하는 경우가 많지만 일부는 부채를 떠안을 수도 있다. 높은 부채 부담은 위험을 증가시킨다. 특히 회사에

[그림 6-5] 바이오테크 R사의 부채 및 부채 대 자기자본 비율 추세

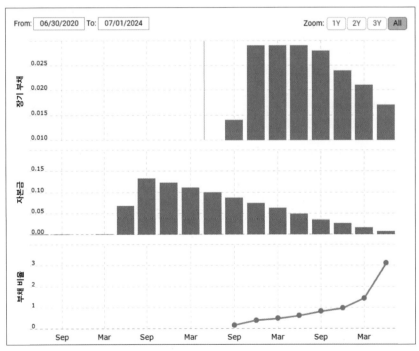

출처: Macrotrends.net

이자 비용을 충당할 영업이익이 없는 경우 더욱 그렇다. 대차대조표에서 부채 대 자기자본 비율을 확인해보자. 바이오테크 R사의 경우 부채 대 자기자본 비율이 증가하고 있는데, 부채 증가보다는 자기자본의 감소 때문인 것으로 보인다.

• 매출액 및 영업이익

영업이익이 발생하고 있는 회사의 경우, 매출액 및 영업이익 추세를 먼저 살펴보자. 영업이익만 늘어나는 것은 의미가 없고, 매출액이 증가하면서 영업이익 증가가 보다 가파르면 가장 이상적이다. 영업이익이 발생하고 있는 회사의 경우 PER, ROE, EPS(주당순이익) 성장률과 같은 일반적인 지표를 통한 밸류에이션을 적용해볼 수 있다. Macrotrends.net에서 기업 티커를 검색하면 간편하게 확인할 수 있고, 여러 회사를 비교한 추세 역시 쉽게 파악할 수 있다.

• R&D 지출

바이오테크는 태생적으로 연구개발에 많은 지출을 하므로 R&D 지출이 꾸준히 이루어지고 있는지 확인하자. 바이오테크의 R&D 지출이 감소하고 있는 추세라면 경영상 문제는 없는지, 자금 현황과 파이프라인 현황은 어떤지 세부 사정을 좀 더 유의해서 살펴보도록 하자.

미국 기업회계기준**GAAP**에서는 신약의 FDA 허가 전에는 미래 이익이 불확실한 걸로 보아 관련 R&D 비용을 모두 지출에 포함시킬 것을 요구한다. 이는 후보물질을 발견하고, 임상시험을 진행하고, 규제기관에 신청서를 제출하고, FDA 승인이 이루어질 때까지 모든 개발 단계에 적용된다. 이에 따라 R&D 비용이 자본화되지 않아 재무제표에서 현금 유출과 그에 따른 손실을 투명하게 볼 수 있다. 여러 가지 제반 여건이 미국과 다른 우리나라에서는 특정 요건 충족 시 제약바이오 기업이 R&D 비용을 무형자산으로 계상하는 것이 허용되므로, 무형자산의 비중과 성격을 좀 더 자세히 확인해볼 필요가 있다.

• 내부자 및 기관 활동

내부자의 자사주 매입 또는 매도 상황을 꼼꼼하게 모니터링하자. 경영진의 자사주 매입은 회사의 미래에 대한 확신을, 자사주 매도는 항상 부정적이지는 않지만 종종 어떤 우려를 암시할 수 있다. 내부자의 자사주 매입 또는 매도 활동을 분석하면 경영진의 관점에 대한 통찰력을 얻을 수 있다.

기관이 보유한 지분이 많은 경우 일반적으로 대규모 투자자의 신뢰로 해석할 수 있다. 다만 기관이 포지션을 축소할 경우 주가 변동성이 증가할 수 있으니 참고하자.

④ Milestone phase(개발 단계)

- 주요 미래 자산의 임상시험 단계는 어떠한가?

투자자들이 가장 크게 우려하는 리스크는 임상시험 결과의 불확실성이다. 앞서 이야기했듯, 임상시험 결과가 나오기 전에는 약물의 안전성과 유효성을 그 누구도 장담할 수 없다. 실제 효과가 있는 약이라 해도 임상시험을 제대로 계획, 수행, 분석하지 못하면 임상시험 실패로 이어진다.

약물 후보가 초기 임상시험 단계일수록 신약 허가를 향해 앞으로 거쳐야 할 개발 단계가 많이 남아 있다. 즉 품목 허가 단계에서 멀수록 투자 위험도 크다. 따라서 **초기 개발 단계에 있는 약물의 신약 허가 가능성을 너무 기대하지 말고, 최소 2상 임상시험 데이터가 있는 약물부터 신약으로 탄생 가능한 미래 가치라 생각하자.** 그리고 심각한 질환에 대한 치료제이면서 기존 치료법보다 의미 있는 이점을 제공하고, 이를 2상 임상시험에서 입증하면 3상 임상시험 자료 없이 가속승인 가능성을 타진해볼 수 있으므로, 개발 중인 약물이 여기에 해당될지 회사의 개발 전략을 확인하자.

만일 어떤 회사의 성장 잠재력이 신약 허가가 아닌 기술 수출, 라이선스 아웃에 있다면 임상시험 성공 가능성보다 기술 수출, 라이선싱 잠재력을 평가하는 것이 보다 적절하다. 이는 이후에 좀 더 논의하도록 하겠다.

 **개발 단계에 따른 임상시험 성공률**

신약 개발 과정에서 어떤 물질이 다음 임상 개발 단계로 넘어갈지 여부는 앞 단계 임상시험의 성공 또는 실패로 판가름이 난다. 임상시험이 성공하면 회사의 자금 사정, 해당 물질의 잠재적 상업성 등을 고려해 다음 단계 임상시험으로 진입할 수 있다. 임상시험이 실패하면 임상시험을 다시 설계해 새로운 임상시험을 진행하거나 해당 물질의 개발을 중단한다.

즉 신약 개발에는 과락의 개념이 없다. 임상시험을 어느 정도만 성공해서는 안 된다. 일부 평가변수에서 긍정적인 데이터를 얻었다는 이야기는 부연 설명에 불과할 뿐, 사전에 임상시험계획서에 명시했던 1차 평가변수 결과를 통계적·임상적으로 유의하게 입증해야 임상시험에 성공했다고 말할 수 있다.

각각의 약물 후보물질 입장에서 임상시험은 성공 또는 실패일 뿐이지만, 투자자 입장에서는 대략의 성공 또는 실패 확률을 인지하고 있는 것이 필요하다. 2010년부터 2023년까지 신약 개발을 위한 임상시험 성공률에 대한 업계 평균 집계[69]에 따르면, 임상 1상을 잘 마치고 2상으로 진입할 확률은 45%, 임상 2상을 잘 마치고 3상으로 진입할 확률은 36%, 임상 3상을 잘 마치고 품목 허가 신청을 진행할 확률은 56%, 품목 허가 신청 후 실제 허가를 얻을 확률은 81%로 나타났다. 물론 대상질환군에 따라 구체적인 확률은 달라질 수 있다.

[그림 6-6] 개발 단계에 따른 임상시험 성공률

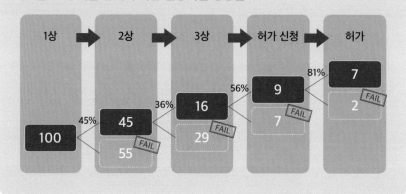

지금부터는 투자자 관점에서 개발 단계에 따른 임상시험 성공률 집계를 살펴보자. 개인투자자가 특정 제약바이오 주식을 관심을 가지고 들여다볼 때 주요 파이프라인이 어떤 개발 단계에 있는지에 따라 다음 네 가지 시나리오를 생각해볼 수 있다. 특정 제품의 신약 개발 성공 가능성을 절대적인 숫자로 예측할 수는 없지만, 투자자가 투자 대상으로서 기업을 검토하고 투자 원칙을 세울 때 시나리오별 제품화 성공 가능성을 그나마 정량화하는 방법 정도로 이해해주기 바란다. 증권가에서 위험조정순현재가치rNPV 방식으로 바이오테크의 적정 주가를 산정할 때 역시 파이프라인의 임상 단계별 성공률을 적용하는 경우가 많다.

- 시나리오 A

IND가 승인되어 1상 임상시험 중인 상태. 1상, 2상, 3상 임상시험 성공에 이를 확률은 9.1%다.

- 시나리오 B

성공적인 1상 임상시험 결과가 공개되었거나 이미 2상 임상시험에 진입한 상태. 2상, 3상 임상시험에 성공해 품목 허가 신청이 가능할 확률은 20.2%다.

- 시나리오 C

성공적인 1상 임상시험 결과가 공개되었거나 이미 2상 임상시험에 진입했고, 가속승인 대상일 경우. 2상 임상시험에 성공해 품목 허가 신청이 가능할 확률은 36%다.

[그림 6-7] 현재 개발 단계에 따른 시나리오별 신약 탄생 성공률

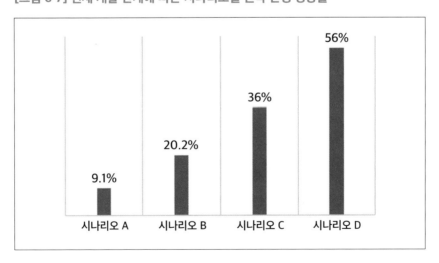

• 시나리오 D

성공적인 2상 임상시험 결과가 공개되었거나 현재 3상 임상시험 중인 상태. 3상 임상시험에 성공해 품목 허가 신청이 가능할 확률은 56%다.

이 계산은 품목 허가 신청 후 실제 허가를 얻을 확률 81%를 반영하지 않은 것이다. 허가 전 최종 임상시험 결과가 강력한 경우 시장 반응이 주가에 이미 반영되는 경우가 많고, 품목 허가 가능성이 한층 높아지기 때문이다. 규제기관 입장에서도 낯설 정도로 혁신적인 의약품일 경우 품목 허가 리스크가 비교적 높을 수 있다.

현재 1상 임상시험 중인 상태, 즉 시나리오 A 상황에서 투자한다면 자신이 신약 허가 9%의 성공률에 기대했음을 인지하자. 작용기전이 아무리 그럴듯하고, 1상 데이터가 완벽해 보여도 인체라는 복잡계에서 해당 물질이 어떻게 작용할지는 그 누구도 장담할 수 없기 때문이다. 최종 의약품의 가치는 결국 임상시험을 통해 입증된 안전성과 유효성에 달려 있지, 기술과 작용기전 자체의 혁신성에 달린 것은 아니다. 이것이 바로 새로운 기술일수록 임상시험 데이터를 확인하는 것이 중요하다는 걸 여러 차례 강조한 이유다. 물론 투자자로서 투자 기회를 이해하고 포착하기 위해 각광받는 R&D 트렌드가 무엇인지 알아둘 필요는 있지만, 섣불리 장밋빛 미래를 그리진 말자.

개인투자자는 리스크 관리 측면에서 30% 이하의 성공 가능성을 너무 확대 해석해 투자를 단행하지 않도록 주의하자. 적어도 2상 임상시험은 성공했을 때 또는 품목 허가 전 최종 단계 임상시험이 진행 중일 때 신약 탄생 가능성을 바라보는 것이 합리적이다. 이것이 신약 개발 기업에 투자할 때 리스크를 관리하는 방법 중 하나다. 1상 임상시험으로 약물의 인체 투여 용량 및 안전성을 살펴본 뒤 유효성을 본격적으로 확인하는 것이 2상 임상시험이므

국가신약개발사업

우리나라의 국가신약개발재단은 후보물질 발굴, 전임상시험, 임상시험 등 신약 개발 전 주기 단계를 지원하는 범부처 국가 R&D 사업을 운영하고 있다. 국가신약개발재단 홈페이지kddf.org에서 파이프라인을 확인할 수 있는데, 그중 2상 임상시험을 진행하고 있는 프로젝트를 소개한다.

[표 6-3] 국가신약개발사업 파이프라인 중 2상 임상시험 단계 프로젝트 (2024년 12월 기준)[70]

프로젝트	분류	적응증	타깃	개발사
CD19 표적 혁신 CART 치료제 임상 2상 연구	세포 치료제	암	CD19	앱클론
정밀의료 기반의 c.Met 표적 항암제 ABN401의 글로벌 임상 2상 연구	화학 의약품	비소세포 폐암	c.MET	에이비온
전립선암 표적 항암 치료 방사성 의약품 신약 개발	방사성 의약품	거세저항성 전립선암	PSMA(전립선 특이적막항원)	퓨쳐켐
전립선특이적막항원을 표적으로 한 치료용 신규 방사성 의약품 개발	방사성 의약품	전립선암	PSMA (전립선특이적 막항원)	셀비온
차세대 지속형 글루카곤 HM15136 선천성 고인슐린증 치료제 개발 위한 글로벌 임상 및 제품화 연구	단백질	선천성 고인슐린 혈증	글루카곤	한미약품
A3 아데노신 수용체 조절제 FM101를 이용한 녹내장 치료제 개발, 임상 2a상 완료 및 2b상 개발	화학 의약품	안구고혈압, 녹내장	A3AR	퓨처메디신 (비상장)
특발성폐섬유증 환자를 대상으로 하는 오토택신 저해제, BBT-877의 2상 임상 개발	화학 의약품	특발성 폐섬유증	Autotaxin	브릿지 바이오테라 퓨틱스

특발성 폐섬유증 치료를 위한 신규 기전 합성 약물의 임상 연구	화학 의약품	특발성 폐섬유증	Prolyl-tRNA synthetase	대웅제약
대동맥판막협착증 내과적 치료를 위한 DPP-4 Inhibitor(에보글립틴)의 글로벌 임상 2상 개발 연구	화학 의약품	대동맥판막 협착증	DPP-4	레드엔비아 (비상장)
원형탈모증 치료제 신약 보니필모드(Vonifilmod) 개발	화학 의약품	원형탈모증	S1PR1&4	넥스트젠바이오사이언스(비상장)
철분 기반 고성능 T1.MRI 조영제 신약 후보물질의 3상 진입을 위한 2b상 임상 연구	기타	림프절병증	MRI 관절조영술	인벤테라제약(비상장)
소아조로증 치료제 프로제리닌의 임상 2a상 개발	화학 의약품	소아조로증	Progerin PPI	피알지에스앤텍(비상장)
안전성이 향상된 HNP-2006 조영제 신약 개발	기타	조영제	Gd-ligand	하나제약

출처: 국가신약개발재단

로, 2상을 성공해야 신약이 될 가능성이 높아진다는 사실은 개념적으로도 타당하다.

될 성 부를 떡잎을 운 좋게 미리 알아봐 1상 임상시험 단계에서부터 투자해 기다리고 있다가 3상 임상시험 결과에 따라 100% 이상의 수익을 기대하는 소위 한 방을 원한다면 기다리는 시간 동안의 기회비용이 아쉬울 뿐만 아니라 리스크 관리가 요원해진다. 투자 후에도 그렇지만 투자 이전에도 신약 탄생이라는 열매가 좀 더 무르익을 때까지 기다리는 인내가 필요하다.

핵심 임상시험 성공 이후 주식 매수를 시작한다면 EPS 상승이 언제까지 지속될지 살펴보아야 하고, 경쟁 상황이 가장 큰 고려 요소가 될 것이다. 수요가 너무 폭발적이거나, 정치적·경제적 이슈로 원료 수급에 문제가 있거나, 제조시설에 어떤 문제가 있는 등 공급 관련 이슈가 있다면 공급 이슈 해결 여부도 중요한 요소가 된다. 잠재적으로 위협적인 경쟁 제품의 핵심 임상시험 성공 소식이 들려온다면 제품 매출에 대한 시장의 기대치가 낮아져 주가가 하향할 수 있으므로, 앞서 이야기했듯 경쟁 제품의 개발 현황도 주시할 필요가 있다.

한편 임상시험 결과가 성공적이었음에도 규제기관이 품목 허가를 거절할 수 있는데, 이는 투자자로서 예상 불가능한 리스크라 할 수 있다. 임상시험의 주요 결과 외 상세한 데이터, 임상시험 운영에 관한 사항(GCP 준수), 의약품 품질에 관한 자료 수준, 제조에 관한 사항(GMP 준수) 등은 대외비다. 따라서 임상시험 결과가 성공적이라 해도, 규제기관의 허가 도장이 찍히는 날까지 그 누구도 품목 허가를 받을 것이라고 함부로 확신할 수 없다. 임상시험과 마찬가지로 품목 허가 역시 성공 또는 실패뿐이다. 다만 앞서 언급한 집계에서 품목 허가 신청 후 실제 허가를 얻을 확률이 81%로 나타났으니 확률적으로는 비교적 리스크가 크지 않다고 할 수 있다. 품목 허가를 적시에 계획대로 얻어낼 수 있는 회사의 역량을 파악하기 위해 회사의 규제 승인 경험, R&D 책임자의 이력 등을 살펴보는 것이 좋다.

6.2 성장 잠재력 탐색 요소(4P)

제약바이오 산업은 혁신 및 성과 창출에 시간이 걸리므로, 성장 잠재력을 장기적인 관점으로 보고 투자하는 것이 바람직하다. 제약바이오 기업의 성

[표 6-4] 제약바이오 기업의 성장 잠재력 탐색

4P	잠재적 투자자의 질문
Partnership potential	• 기술 수출, 라이선싱 잠재력이 높은가? • 든든한 파트너십을 가지고 있는가?
Pipeline competitiveness	파이프라인의 경쟁력이 높은가?
Proven track record	경영진, R&D 책임자의 성공 이력이 어떠한가?
Product power	주요 제품의 강력한 매출 상승이 예상되는가?

장 잠재력을 탐색하는 데 유용한 '4P'를 제시한다.

① Partnership potential(파트너십 잠재력)

- 기술 수출, 라이선싱 잠재력이 높은가?

- 든든한 파트너십을 가지고 있는가?

신약 개발을 품목 허가 단계까지 직접 수행하려는 바이오테크의 잠재력을 최대한 발휘하기 위해서는 임상 개발 및 상업화에 필요한 자금을 지원할 파트너를 찾는 것이 필요하다. 기술 수출 및 라이선싱 파트너십 계약에는 초기 지불금, 개발 목표 달성에 대한 마일스톤, 향후 판매에 대한 로열티 지불이 포함된다. 회사가 유망한 기술 수출 및 라이선싱 파트너십을 확보했고, 마일스톤과 로열티 금액이 상당하다면 기업 가치에 상당한 플러스 요인이 된다. 파트너십 계약의 내용을 보면 R&D 트렌드 동향도 볼 수 있고, 해당 기술에 시장이 부여하는 가치가 어느 정도인지 가늠할 수 있어 무척이나 유용하다.

어떤 기업은 초기 임상시험을 통해 안전성 및 인체 투여 용량을 어느 정도 확인한 물질을 신약 허가까지 개발을 직접 이끌어가기보다 처음부터 기술 수출 또는 라이선싱을 전략적 목표로 할 수 있다. 이 경우 성공적인 상업

화를 위한 파트너십 확보에 진전이 없다면 1상, 2상 임상시험 성공 소식에도 기업 가치 상승이 제한적일 수 있다.

기술 수출 또는 라이선싱 성사 시 임상시험 실패나 규제 승인 거절 같은 후기 개발 단계의 리스크를 회피하면서 안정적인 수익 구조를 확보할 수 있어 단기적으로 주가가 상승하는 경우가 많다. 회사는 기술 수출 또는 라이선싱 계약을 통해 계약금, 마일스톤 지급, 로열티 등의 수익을 창출할 수 있으며, 특히 상업화 이후 로열티 기반의 수익은 예측 가능한 현금 흐름을 제공할 수 있어 기업 가치 제고에 도움이 된다. 최종 신약으로 탄생하는지 여부에 따라 마일스톤 수령이 달라지긴 하지만, 기술 수출 및 라이선싱은 초기 선급금을 받는다는 측면에서 그리고 라이선싱한 약물이 다시 반환되더라도 보통 기수령 자금은 보존된다는 측면에서 본격적인 신약 개발에 비해 기업의 현금 흐름 확보에 유리하다. 이것이 바로 국내 제약바이오 기업의 글로벌 제약사와의 파트너십과 기술 수출 계약 소식에 주가가 상승하는 이유다.

보유 현금이 제한적인 소규모 바이오테크 기업들에게 기술 수출 및 라이선싱은 현실적인 선택이지만, 투자자 입장에서는 기업이 기술 수출 및 라이선싱 계약을 언제 어떻게 체결할지 불확실성이 있다. 임상시험의 경우 공시, 학회 자료, 보도자료를 통해 진행 현황 및 주요 결과가 공개되는 반면, 기술 수출이나 라이선싱 협상의 핵심 정보는 회사 기밀이기 때문에 계약이 최종적으로 성사되기 전에 예측하는 것은 불가능에 가깝다. 거래를 유리한 조건으로 성사시키고 파트너십을 효과적으로 관리하는 회사의 능력에 크게 의존할 수밖에 없으므로, 몇 가지 사항을 살펴볼 필요가 있다.

• 파트너십 및 라이선스 이력

해당 기업이 성공적인 파트너십, 기술 수출 및 라이선싱 계약 이력을 가지고 있는지 확인하자. 과거의 성공 이력은 경영진이 그러한 계약을 효과적으로 진행하는 방법을 알고 있다는 것을 뜻한다. 현재 계약 전 논의가 구체적으로 진행되고 있다면 플러스 요인이 된다. 어떤 논의가 긍정적으로 진행되면 언론 기사나 투자설명회를 통해 실마리가 오픈되는 경우가 많으니 참고하되, 간혹 회사의 이상과 희망이 과도하게 반영되어 있을 수도 있으니 주의하자. 또한 단순한 업계 행사 참여를 계약 가능성으로 연결하는 건 시기상조이므로 주의할 필요가 있다.

• 시장 잠재력

해당 물질이나 기술의 잠재적인 시장 규모와 경쟁 환경을 이해할 필요가 있다. 시장이 크거나 경쟁자가 적은 경우 다른 회사로부터 파트너십 제안을 받을 가능성이 더 크다.

• 파이프라인의 다양성 여부

해당 기업이 계약 협상이 가능한 다양한 파이프라인을 보유하고 있는지 확인하자. 파이프라인 다각화는 계약을 유리하게 이끄는 데 도움이 될 수 있고, 그 외에도 성공에 대한 다양한 기회를 제공하므로 위험을 분산시키는 효과가 있다. 초기 임상시험 후 라이선싱을 목표로 하는 기업일 경우 후속 파이프라인도 전임상 단계에 있을 가능성이 높은데, 작용기전이 트렌디하거나 1상이라도 임상시험 데이터가 있는 것이 중요하다.

• 지적재산권IP 및 특허

특허는 특허권자(원개발사)에게 기술에 대한 독점적 권리를 부여해줌으로써 기술과 회사의 가치를 높여줄 수 있다. 회사는 특허 등록을 통해 경쟁업체가 기술을 가로채거나 침해할 염려를 줄이면서 연구개발 및 상업적 개발을 추구할 수 있다. 따라서 강력한 특허는 라이선스 협상의 핵심이다. 강력한 특허가 없으면 해당 약물이나 기술의 가치가 감소할 수 있다. 회사가 잠재적 라이선스 사용자에게 독점성과 매력을 제공할 강력한 특허 보호를 갖고 있는지 확인하자. 특허 출원 또는 등록 사실은 보도자료로 잘 배포하는 편이므로 인터넷에서 기사를 검색하면 쉽고 빠르게 정보를 얻을 수 있을 것이다. 다만 특허 출원은 등록과 다르다는 것, 특허 출원이나 등록이 약물의 안전성과 유효성을 보증하는 건 아니라는 것은 잊지 말자.

• 시장 트렌드와 전망

약물 후보가 암, 면역 질환, 비만, 희귀 질환과 같이 시장 수요가 높은 치료 분야를 표적으로 삼고 있거나, 작용기전이나 기술 원리가 최근의 인수합병, R&D 트렌드에 부합한다면 시장의 주목을 받는 데 도움이 된다. 투자자는 이러한 요소를 평가함으로써 라이선스 및 기술 수출에 중점을 둔 회사에 투자하는 것이 가치 있는 일인지 정보에 입각하여 결정을 내릴 수 있다.

② Pipeline competitiveness(파이프라인 경쟁력)
- 파이프라인의 경쟁력이 높은가?

제약바이오 기업의 파이프라인은 기업 가치의 원천이다. 포트폴리오가 다양하지 않은 소규모 바이오테크는 임상시험 및 품목 허가의 성공 또는 실패에 따라 주가가 크게 변동된다. 신약이라고 무조건 좋은 것이 아니라, 이 제품으로 인해 증대되는 회사 이익이 어느 정도일지가 중요하다. 파이프라인이 유망한지 판단하기 위해서는 몇 가지 요소를 살펴보아야 한다.

• 파이프라인의 개수 및 성숙도

파이프라인이 다각화되어 있을수록 리스크가 분산되고 잠재적인 사업 확장성이 크다는 것은 쉽게 생각할 수 있다. 더욱 중요한 것은 각 후보물질이 임상 개발의 어느 단계에 도달했느냐다. 냉정하게 말해, 전임상 단계에서는 신약으로의 가치를 아직 상상하는 단계에 불과하다. 현실적으로 가야 할 길이 멀기 때문이다. 우선 공개된 임상시험 데이터가 있는지 확인해야 한다. 임상 개발 단계가 진전될수록, 즉 1상보다는 2상, 2상보다는 3상 단계일 때 신약 탄생이 현실화될 가능성이 크다. 2상 임상시험을 통해 심각한 질환에 대한 치료제이면서 기존 치료법보다 의미 있는 이점을 제공한다는 사실을 입증하면 3상 임상시험 자료 없이 가속승인도 가능하므로, 개발 중인 약물이 여기에 해당될 가능성이 있는지도 함께 고려해야 한다.

• 대상 질환과 적응증

투자 관점에서는 모든 질환의 가치가 동등하지 않다. 폐암이나 류마티스 관질염 같은 질환은 시장이 거대하지만 이미 사용 가능한 의약품이 많아 경쟁이 치열해 새로운 약의 안전성 및 유효성에 대한 기대치가 높다. FDA도 신약의 3상 임상시험 대조약으로 기존 치료제를 추가하는 것을 요구하는 추세다. 따라서 안전성과 유효성 면에서 기존에 널리 사용되는 치료법 대비 확실히 개선된 가치를 보여주지 못한다면 시장 점유는 고사하고 자칫 품목 허

파이프라인 다각화가
주가 하락을 완충해준 사례

척수성 근위축증Spinal Muscular Atrophy, SMA은 척수의 운동신경세포가 점진적으로 소실되어 근육의 약화와 위축을 초래하는 희귀 유전 질환이다. SMN1 유전자 결함으로 SMN 단백질이 부족한 것이 주원인으로 알려져 있다. SMN 단백질 생성을 증가시키는 약물들이 치료제로 사용되고 있는데, 이에 더해 환자의 근력과 운동 기능을 더욱 개선시킬 수 있는 새로운 기전의 치료법에 대한 수요가 있다.

나스닥 상장사 스칼러 락 홀딩Scholar Rock Holding Corp은 단백질 성장 인자 관련 중증 질병에 대한 치료제 개발에 주력하는 바이오테크로, 근육 성장 억제 단백질인 미오스타틴의 작용을 저해하는 단일 클론 항체 아피테그로맙apitegromab을 개발했다. 2024년 10월 7일 스칼러 락 홀딩은 척수성 근위축증 환자를 대상으로 한 아피테그로맙의 3상 임상시험에서 1차 유효성 평가지표인 환자의 운동 기능이 통계적으로 유의하게 향상되었음을 발표했다.[71] 이에 회사의 주가는 300% 이상 급등했다.

2024년 11월 25일에는 또 다른 바이오테크 바이오헤이븐Biohaven Ltd이 척수성 근위축증 환자를 대상으로 한 탈데프그로베프 알파taldefgrobep alfa의 3상 임상시험 결과를 발표했다. 이 임상시험에서 탈데프그로베프 알파가 환자의 운동 기능을 위약 대비 유의하게 개선하지 못했다는 소식[72]이 알려지면서 바이오헤이븐의 주가는 하락하고, 스칼러 락 홀딩의 주가는 30% 이상 상승했다.

[그림 6-8] 스칼러 락 홀딩의 1년 일봉 차트

출처: Yahoo Finance

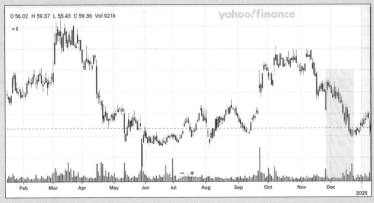

[그림 6-9] 바이오헤이븐의 1년 일봉 차트

O 56.02 H 59.37 L 55.43 C 59.36 Vol 921k

yahoo!finance

Feb Mar Apr May Jun Jul Aug Sep Oct Nov Dec 2025

출처: Yahoo Finance

눈여겨볼 부분은 스칼러 락 홀딩의 주가 상승에 비해 바이오헤이븐의 주가 하락이 비교적 완만하게 이루어졌다는 점이다. 스칼러 락 홀딩은 2상 임상시험 이상 진행된 개발 후기 파이프라인이 아피테그로맙 프로그램 2개라 아피테그로맙의 성패가 회사 가치에 차지하는 비중이 큰 반면, 바이오헤이븐은 2상 임상시험 이상 진입한 파이프라인이 탈데프그로베프 알파의 SMA 프로그램 외에 최소 8개는 된다. 동일 질환에 대해 비슷한 시점에 임상시험 결과를 발표한 비슷한 규모의 바이오테크라 해도 기업의 가치에 해당 약물이 차지하는 비중, 회사의 파이프라인 다각화 현황, 재무 상태 등을 복합적으로 반영해 주가가 움직인다는 사실을 보여주는 사례라 할 수 있다.

가도 어려울 수 있다. 이런 측면에서는 기존에 사용 가능한 치료제가 많지 않은 희귀 질환 영역이 또 다른 기회가 될 수도 있다.

결국 투자자가 파이프라인의 유망도를 볼 때 가장 중요한 부분은 이 약이 의학적 미충족 수요를 충족시킬 잠재력이 있느냐. 의학적 미충족 수요가 높은 질환은 치료 옵션이 제한적이거나 기존 치료법이 효과적이지 않은 질환을 뜻하며, 이러한 질환에 새로운 치료제가 등장하면 상업적으로 매우 유망할 수 있다. 기존에 잘 알려진 질환에 대한 'me too' 치료제를 개발하는 회사보다는 의학적 미충족 수요가 높은 질환에 대한 치료제를 개발하는 회사가 투자에 유리하다.

의학 전문가가 아닌 일반 개인투자자가 특정 적응증의 심각도(생명을 위협하는 질환인지 여부 등), 삶의 질에 미치는 영향, 기존 치료제의 효과 및 안전성 등을 직접 평가해 의학적 미충족 수요가 높은지 판단하는 것은 무척이나 어렵다. 다만 다음 포인트를 언론 기사나 회사 IR 자료, 인터넷 검색을 통해 알아봄으로써 투자 기회를 포착할 수 있도록 하자.

• 시장 규모 판단: 널리 알려진 질환인가? 희귀 질환인가?

질환 자체가 생소하지 않고 널리 알려져 있다면 높은 유병률 또는 높은 수요의 방증이라 볼 수 있으며, 이는 주식시장의 관심도를 높이는 데 유리하다. 대표적인 예로 비만, 탈모, 알츠하이머, 관절염, 유병률 높은 암종(폐암, 유방암 등)이 있다. 적응증이 특정 바이오마커 양성(예: EGFR 변이 양성)이나 특정 질병 단계(예: 전이성 암)에 한정되는 경우 해당 의약품의 대상 환자 수는 보다 적어진다. [표 6-5]를 통해 알 수 있듯, 바이오마커의 발생율이 지역별로 다른 경우도 많으므로, 가능하다면 바이오마커의 특성도 고려하도록 하자.

희귀 질환은 시장 규모는 작아도 개발된 치료제가 많지 않은 경우가 많아 경쟁 환경 면에서 유리하다. 일부 국가의 규제기관은 희귀 질환 치료제 개발에 대한 혜택을 주기도 한다. 해당 약을 한 가지 이상의 적응증을 목표로 개발하는 경우가 많으므로, 현재 진행 중인 임상시험이 희귀 질환을 대상으로 한다 해도 좀 더 시장 규모가 큰 적응증에 대한 임상시험이 뒤따라올 수 있다.

[표 6-5] 조직검사로 확인한 비소세포폐암 선암adenocarcinoma의 EGFR 변이 발생율[73]

지역	EGFR 변이 발생율	EGFR 변이 발생 범위
아시아	47%	20~76%
유럽	15%	6~41%
북미	22%	3~42%
인도	26%	22~27%
남미	36%	9~67%
호주	12%	7~36%

출처: NCBI

• 경쟁력 예측 ① 해당 질환에 기존에 사용 중인 치료제가 있는가?

해당 질환에 기존에 사용 중인 치료제가 아예 없다면 의학적 미충족 수요가 높다고 볼 수 있다. 많은 희귀 질환 치료제가 여기에 해당한다. 기존 치료제가 있다 해도 암, 치매와 같이 완치가 불가능한 질환이라면 기존 치료제로 인한 환자 이익이 지속되지 않는다는 의미이므로 의학적 미충족 수요가 여전히 있다고 볼 수 있다.

• 경쟁력 예측 ② 기존 치료제보다 유효성을 개선시켜주는가?

기존 치료제와의 유효성을 비교하기 위해서는 핵심 임상시험(보통 3상) 결과를 확인할 수 있는 단계여야 한다. 개별 임상시험 결과를 한자리에 놓고 직접 비교하는 것은 과학적으로 타당하지 않지만, 시장은 현재 가용한 1상 또는 2상 임상시험 데이터를 간접 비교해서라도 앞으로의 시장 경쟁을 예측하고 새로운 의약품에 대한 기대를 주가에 반영한다. 2상 임상시험 결과가 3상 임상시험 결과와 개연성이 있을 가능성이 높은 것은 사실이지만, 3상 임상시험도 여전히 실패 가능성이 있는데다, 실제 3상 임상시험 결과에서 기존 치료제와 신약의 유효성 차이 정도가 기대와 다를 수 있으므로 감안하도록 하자.

진료 현장에 확고하게 자리 잡은 기존 치료제가 있는 경우, FDA는 개발사에 새로운 치료제의 핵심 임상시험 설계 시 기존 치료제와 비교할 것을 요청하기도 한다. 생명을 위협하는 중대한 질환일 경우 의료진이 최적의 치료 옵션을 적기에 선택하도록 돕기 위함이다. 하나의 임상시험에서 대조약과 직접 비교해 도출된 결과는 과학적으로 강력한 근거가 된다.

• 시장 화제성 예측: 해당 질환 치료제로서 새롭게 도입되는 기전인가?

새로운 기전으로 작용하는 약물일 경우 치료제로서 혁신적인 효과를 보일 가능성이 있고, 학계 및 시장의 스포트라이트를 받을 가능성이 높다. 다만 이 경우에는 더더욱 2상 임상시험 결과를 확인할 필요가 있다. 또한 경쟁사가 개발 중인 유사한 약물이 있다면 개발 진행 속도 및 구체적인 데이터를 비교해 시장의 관심을 어느 정도 끌 수 있는지 가늠해보자.

• 상업화 타이밍 예측: FDA 신속심사제도를 활용할 수 있는가?

신약 개발 초기에 FDA 패스트트랙 지정을 받았다면 대상 질환이 의학적 미충족 수요가 확실함을 방증한다. FDA 획기적 치료제 지정BTD을 받았다면 중대한 질환에 대한 치료제이면서, 임상적으로 중요한 지표에 대해 기존 치료법보다 상당한 개선을 보이는 예비적 임상시험 증거를 FDA로부터 인정받았다는 의미이므로, 약물의 품목 허가 및 시점에 대한 예측 가능성이 높아진다.

FDA 신속심사제도 중에서 의약품 출시를 가장 실질적으로 앞당겨주는 제도는 가속승인이다. 하나의 임상시험 결과가 획기적 치료제 지정의 근거가 됨과 동시에 가속승인의 근거가 되는 경우도 있다. 가속승인은 FDA로부터 공개적으로 어떤 지정을 받는 것이 아니라, 2상 임상시험 결과가 가속승인이 가능할 정도로 견고한지 등에 대한 회사와 FDA 간 논의 결과에 따라 시도해볼 수 있는 것이다. 의학적 미충족 수요가 큰 질환을 타깃으로 하는 치료제의 2상 임상시험 결과가 기존 치료법 대비 의미 있는 결과를 보여주었다고 판단되는 경우, 회사의 실적 보고 자리나 보도자료를 통해 가속승인 가능성을 알아보도록 하자.

• 의학적 미충족 수요를 보완해주는 다른 요소를 갖추고 있는가?

정맥주사보다는 피하주사가, 피하주사보다는 경구제제가 투여가 편리하다. 매일 투여해야 했던 약물을 주 1회 투여 또는 월 1회 투여 또는 연 2회 투여와 같이 투여 횟수를 감소시키면 환자 편이성이 증가한다. 이와 같이 투여 제형이 편리해지거나 투여 횟수를 감소시키는 것도 의학적 미충족 수요를 보완해줄 수 있다. 투여 제형이나 투여 횟수를 개선하면서 의약품의 첨가제가 변경될 수 있는데, 이는 새로운 특허로 연결될 수 있어 의약품의 시장 독점 기간 연장을 위한 에버그린 전략으로도 활용된다. 제네릭 및 바이오시밀러 회사가 오리지널 의약품의 투여 제형이나 투여 횟수를 개선한 의약품을 개발하기도 한다.

바이오투자
하드캐리

코로나19 팬데믹의 의학적 미충족
수요와 제약바이오 주식

전 세계적으로 의학적 미충족 수요가 폭발적으로 높았던 최근 사례는 코로나19 팬데믹이다. 감염병의 대유행은 언택트 관련 산업과 제약바이오 산업에 기회가 되었다. [그림 6-10]과 [그림 6-11]을 통해 알 수 있듯, 미국의 제약 기업 ETF인 iShares U.S. Pharmaceuticals ETFIHE와 바이오테크 ETF인 iShares Biotechnology ETFIBB는 코로나19 팬데믹 기간 동안 전반적으로 크게 우상향했다.

감염병 발생 초기에는 제품 수요 급증, 관련 기업에 대한 상당한 자금 유입 예상, 해당 분야에 대한 투자자 관심 증가에 기인해 일부 진단키트, 백신, 치료제 기업들의 주가가 급격히 상승한다. 국내 제약바이오 기업들의 제품 R&D/판매 활동이 주가에 미치는 영향에 관한 연구[74]에 따르면, 코로나19 확산 전반기에 발생한 활동이 후반기에 발생한 활동보다 기업 가치에 더욱 긍정적인 영향을 미친 것으로 나타났다.

이후 연구개발 진행 상황, 임상시험 결과, 정부 정책 등에 따라 주가의 변동성이 증가하다가 시간이 지나면서 실제 성과를 내는 기업과 그렇지 못한 기업이 구분되기 시작하고, 감염병이 통제되거나 백신/치료제가 상용화되면 과도하게 상승했던 주가가

[그림 6-10] iShares U.S. Pharmaceuticals ETFIHE의 주봉 차트

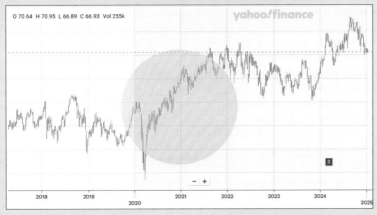

출처: Yahoo Finance

[그림 6-11] iShares Biotechnology ETFIBB의 주봉 차트

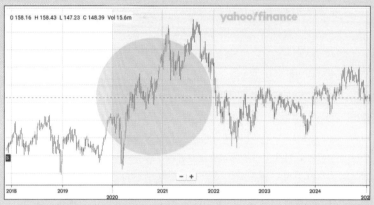

출처: Yahoo Finance

조정을 받는 경향을 보인다. 진단키트, 백신, 치료제의 성공적인 개발은 이들 기업의 주가 상승을 이끌었을 뿐만 아니라, 강력한 R&D 파이프라인과 민첩한 대응 능력을 갖춘 기업에 대한 투자 가치를 보여준다.

[그림 6-12] 진단 솔루션 기업 퀴델오쏘QuidelOrtho의 주봉 차트

출처: Yahoo Finance

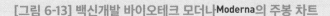

[그림 6-13] 백신개발 바이오테크 모더나Moderna의 주봉 차트

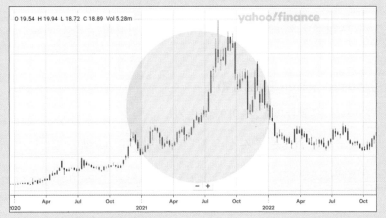

출처: Yahoo Finance

이와 같이 바이러스성 질환의 대규모 확산은 바이오 투자자들에게 큰 수익의 기회가 될 수 있지만, 그와 동시에 높은 리스크도 동반한다. 관련 주식에 투자할 때는 기업의 실제 가치와 잠재력을 냉철하게 분석해야 하며, 높은 변동성을 예상하고 과도한 기대나 투기 심리를 경계해야 한다.

③ Proven track record(검증된 이력)

- 경영진, R&D 책임자의 성공 이력이 어떠한가?

경영진과 R&D 책임자의 능력과 경험은 기업의 리스크 관리 및 장기적인 성공에 매우 중요하다. 경영진은 임상 및 상업 개발 프로세스에 대한 탁월한 이해가 있어야 하고, 관련 비용을 인식해야 하며, 투자 수익률이 높은 프로젝트에 회사 자원을 투입해야 한다. 즉 경영진이 이전에 신약을 개발하고 상업화한 이력이 있는 것이 선호된다. R&D 책임자는 약물의 가치를 과학적으로 타당하면서도 비용효과적으로 빠르게 입증할 임상 개발 계획을 수립하고, 개발 과정에서 규제기관과 원활하게 소통을 해내야 하므로 관련 경험과 이력을 갖추고 있을수록 프로젝트 성공에 유리해 투자자의 신뢰가 높아진 다. 소규모 바이오테크일수록 경영진과 R&D 책임자의 이력을 꼭 확인하자.

④ Product power(제품 영향력)

- 주요 제품의 강력한 매출 상승이 예상되는가?

EPS 상승만큼 확실한 주가 상승 요인은 없다. 회사의 매출 증가는 의학적 미충족 수요를 충족시켜주는 주요 제품의 시장 출시 및 판매 성장이 견인한 다. 신약의 품목 허가 후 시장 출시가 회사 매출에 어떤 영향을 미칠지, 제품 의 특허 만료 기간과 경쟁 상황을 함께 고려해 살펴보자.

의약품 매출 예측은 제약·바이오에 투자하려는 사람들에게 중요한 투자 판단 기준 중 하나다. 시장 규모와 경쟁 상황을 고려하는 것은 물론이고, 의 약품 가격 및 보험 급여 여부, 치료 패턴(투여 기간과 재구매율)도 고려할 필요 가 있다. 또한 2장에서 소개한 의약품의 라이프사이클에 따라 시장 침투율 이 달라지는 것도 유념해야 한다. 그 외에 출시 후 업데이트되는 안전성 데 이터가 긍정적이거나 부정적일 경우, 매출에 영향을 미칠 수 있다.

의약품 가격은 초기 매출과 환자 접근성에 직접적인 영향을 미친다. 예를 들어 고가의 항암제는 보험 급여가 승인되지 않을 경우 약가 전액을 환자가 부담해야 해 처방이 제한적으로 이루어지다 급여 승인이 이루어지면 처방이 원활해져 매출이 급증할 가능성이 높다. FDA 같은 규제기관 승인 이후에도 보험 급여 대상에 포함되는 시점은 다양하므로 투자자는 보험 급여 가능성 과 그 시점을 가늠해볼 필요가 있다.

일례로 버텍스 파마슈티컬스와 크리스퍼 테라퓨틱스가 개발한 유전자 편집 치료제 카스게비CASGEVY는 2023년 11~12월 영국, 미국, EU에서 품목 허가를 받았다. 2024년 12월 미국 메디케어와 메디케이드는 이 약을 겸상적혈구 질환에 대한 보험 급여를 인정하기로 결정했다.[75] 그 외 국가에서는 보건당국과 보험 급여에 대한 협상이 진행 중이다.

매출을 예측하기 위해 의약품 가격을 반영할 때 판매 단위별 가격보다는 의약품 사용량과 가격을 함께 반영한 월간 치료비용monthly price 또는 연간 치료비용yearly price을 사용하는 것이 보다 합당하다. 이 비용에는 환자가 얼마나 오랫동안 해당 의약품을 투여받는지도 자연스럽게 반영된다. 이를테면 의약품이 만성 질환(예: 당뇨, 고혈압) 치료제인지, 단기 질환(예: 항생제) 치료제인지에 따라 환자당 의약품 사용량이 다르다. 만성 질환 치료제는 지속적인 구매가 가능하므로 장기적인 매출 기여가 가능하다. 반면 독감 치료제 같은 단기 치료제는 재구매가 제한적일 수 있지만, 특정 시즌 동안 집중적으로 높은 매출을 기록할 수 있다. 항암제의 경우 대부분의 임상시험 결과에 제시되는 치료지속기간Duration of Treatment, DOT 데이터를 통해 환자가 해당 의약품 투여를 어느 정도 기간 동안 진행하는지, 즉 환자당 의약품 투여 총량을 가늠해볼 수 있다.

예를 들어 HER2 양성 XX암 환자를 대상으로 하는 면역항암제 A가 출시될 예정이라고 하자. 전체 XX암 환자는 약 50만 명이고, 이 중 HER2 양성 환자는 약 10만 명으로 예상된다. A가 올해 시장점유율 20%를 확보하는 것을 목표로 하고 연간 치료 비용이 1만 달러일 경우 연매출은 2억 달러(10만 명×20%×1만 달러)가 된다.

하지만 경쟁 약물의 등장으로 점유율이 10%로 감소하거나 적응증이 추가되어 목표 환자군이 20만 명으로 확대되면 매출은 그에 따라 달라진다. 간단히 정리하면, 대상 환자 수 증감, 시장점유율 증감, 가격 증감이 매출에 직접적인 영향을 미치므로 최신 뉴스를 접할 때 이 세 가지 요소를 고려하면 투자 관련 의사결정에 도움이 될 것이다.

매드리갈 파마슈티컬스 사례 보기

NASH(비알코올성 지방간염, MASH라고도 한다)의 유병률은 전체 인구의 2~7% 정도로, 시장 규모가 큰 질환임에도 그동안 개발된 치료제가 없었다. 나스닥에 상장된 매드리갈 파마슈티컬스Madrigal Pharmaceuticals, MDGL는 NASH 치료제 개발의 선두주자다. 다음은 매드리갈 파마슈티컬스의 주봉 차트다.

[그림 6-14] 매드리갈 파마슈티컬스의 주봉 차트

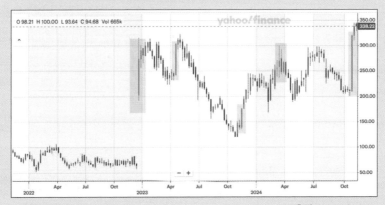

출처: Yahoo Finance

• 2022년 12월 매드리갈 파마슈티컬스는 NASH 환자를 대상으로 한 신약 후보물질 레스메티롬Resmetirom의 3상 임상시험 결과를 긍정적으로 발표했고, 그로 인해 당일 주가가 268% 상승했다.

- 2023년 4월 레스메티롬은 FDA 획기적 치료제 지정을 받았다. 이 약이 의학적 미충족 수요를 충족시켜줄 수 있음을 FDA로부터 공식적으로 확인받은 것이기에 향후 품목 허가가 좀 더 가속화되는 효과를 기대할 수 있었다. 이에 주가가 12% 상승했다.
- 2023년 11월 매드리갈 파마슈티컬스의 3분기 실적 보고가 있었다. 레스메티롬의 FDA 우선심사가 차질 없이 진행되고 있으며, 유상증자를 통해 약 5억 달러의 현금을 획득했고 제품 출시를 준비하겠다는 소식에 주가가 상승했다.
- 2024년 3월 레스메티롬이 FDA 품목 허가를 받았다.
- 2024년 10월 말 매드리갈 파마슈티컬스의 3분기 실적 보고에서 주당 손실액이 컨센서스보다 낮은 것으로 발표되었다. 이는 4월 레스메티롬 출시로 인한 매출에 기인하며, 3분기에 6,220만 달러 매출을 올려 컨센서스 추정치인 3,300만 달러를 상회했다. 이에 당일 주가가 20% 상승했다.
- 2024년 11월 초 노보 노디스크는 세마글루타이드의 NASH 3상 임상시험 결과가 긍정적이라고 발표했다. 유효성 지표 면에서 레스메티롬과 크게 다르지 않은 결과였으며, 주요 경쟁자의 진입으로 질환에 대한 인지도가 높아지고 시장이 확장된다는 측면에서 매드리갈 파마슈티컬의 주가는 긍정적인 영향을 받았다.

노보 노디스크 외에도 일라이 릴리, 바이킹 테라퓨틱스Viking Therapeutics 등 여러 회사가 매드리갈 파마슈티컬스를 뒤쫓아 NASH 치료제를 개발하고 있다. 'First in class' 제품인 레스메티롬이 'Best in class'가 될 수 있을지 경쟁 제품의 임상시험 결과와 경쟁 상황 등 귀추가 주목된다.

[표 6-6] 매드리갈 파마슈티컬스의 연간 실적(단위: 백만 달러)

마감 기준	2020년 12월 31일	2021년 12월 31일	2022년 12월 31일	2023년 12월 31일	2024년 12월 31일
손익 계산서					
총매출	–	–	–	–	180.13
총이익	–	–	–	–	173.9
영업 이익	−206.67	−242.48	−293.57	−380.5	−497.88
순이익	−202.24	−241.85	−295.35	−373.63	−465.89

대차 대조표					
총 자산	287	273.33	362.57	640.55	1,042.25
총 유동부채	46.56	76.84	115.89	118.55	169.28
총 주식	239.97	196.11	197.39	405.33	754.38
현금흐름					
부채상환 후 현금흐름	−86.74	−94.62	−115.68	−192.38	−296.99
영업으로 인한 현금	−157.56	−183.92	−224.86	−324.23	−455.57
투자로 인한 현금	159.78	−5.06	206.69	−502.52	−274.39
재무현금흐름	5.09	171.24	313.45	595.12	735.06
현금순변동	7.31	−17.74	295.28	−231.63	5.1

출처: investing.com

6.3 그 외에 투자 전에 고려할 것들

지금까지 알아본 4M, 4P 프레임워크를 적용해 바로 오늘 발굴한 제약바이오 종목이 있다고 하자. 그런데 이미 주가가 꽤 오른 상태라면? 이미 많이 올랐으니 매수하기 늦은 것일까, 아니면 이제라도 매수를 해야 할까 고민이 될 수밖에 없다.

펀더멘털이 강해 보이더라도 제약바이오 주식에 투자하기 전에 고려해야 할 몇 가지 최종 요소가 있다. 섹터를 불문하고, 주식 매수의 불변의 원칙은 훌륭한 기업을 골라 적당한 가격에 사는 것이기 때문이다. 투자 결정에 필요한 몇 가지 고려 사항은 다음과 같다.

① 시장의 기대

기업의 수익 증가에 대한 시장의 기대가 반영되어 주가가 상당히 상승한 상태라면 과대평가를 주의해야 한다. 내가 이 회사의 성장 잠재력으로 기대하는 것이 무엇인지 구체화했는데 그것이 시장의 기대와 비슷하다면, 즉 나의 기대가 뉴스나 각종 매체에 오르내리고 있는 스토리와 일치한다면, 해당 성장 잠재력은 이미 주가에 반영되었다고 봐야 한다. 주요 파이프라인의 3상 임상시험 성공 소식에 주가가 급상승했는데 정작 FDA 품목 허가 소식에는 주가가 크게 오르지 않는 이유는 바로 이 때문이다. 그래서 시장의 기대보다 한 걸음 더 나아가 성장 잠재력 포인트를 보는 안목을 길러야 한다.

② 스스로 생각하는 주가 촉매 타이밍

주식을 사서 수년 동안 묻어두고 기다릴 것이 아니라면, 투자 진입 시점을 조절하자. 시간이 곧 기회비용이 될 수 있기 때문이다. 제약바이오 주식은 임상시험 결과 공개, FDA 승인, 파트너십 체결 같은 이벤트에 따라 주가가 급등하거나 하락하는 경우가 많으므로, 다가오는 마일스톤의 시기를 예측해보는 건 비록 정답은 없지만 투자 결정에 반드시 필요하다. 내가 기대하는 주가 상승 촉매가 신약 개발 마일스톤 달성이 아니라 제품의 시장 출시에 따른 EPS 상승인 경우도 마찬가지다.

만일 1상 임상시험을 갓 시작한 단계라면 2상, 3상 임상시험 성공 같은 의미 있는 마일스톤 달성은 불확실성이 크고 시간도 2년 이상 걸린다. 회사의 주요 전략이 라이선싱 또는 기술 수출이라면 앞서 논의한 기술 수출, 라이선싱 잠재력을 면밀히 평가해 투자를 결정해야 한다. 만일 유망 파이프라인이 3상 임상시험에 진입한 단계라면 물론 쉽지 않지만 임상시험 종료 시점을 예측해볼 필요가 있다. 회사 실적 보고 시 주요 파이프라인 임상시험의 진행 상황이 투자자에게 공유되므로 중간 분석 결과, 초기 분석 결과를 얻을 수 있는 시점에 대한 대략적인 정보를 구하는 것이 좋다. 유사 질환 치료제나 경쟁 제품 임상시험의 선례를 검색해 임상시험 시작으로부터 초기 분석 결과를 얻을 수 있는 대략적인 시점을 예상해볼 수도 있다. 개인투자자가 임상시험 진행 속도를 정확히 예측하기는 어려우나 정보와 분석에 입각해 투자 결정을 내리는 것이 필요하기 때문이다.

또한 투자자 스스로 어느 정도의 기간을 기다릴 수 있을지 판단해보아야 한다. 자신이 기대하는 마일스톤 달성 시점이 좀 멀더라도 미리 주식을 매수하고 기다릴 것인지, 조금 뜸을 들였다가 매수할 것인지는 투자자 본인이 결정할 부분이다.

③ 거시경제적 요인

모든 주식, 특히 아직 수익성이 낮은 바이오테크 주식은 금리 등 거시경제적 요인과 전반적인 시장 심리의 영향을 받을 수밖에 없다. 금리 인상은 고위험 성장주에 대한 투자자들의 선호를 감소시킬 수 있다. 아직 수익화 단계에 접어들지 못하고 연구개발에 집중하고 있는 바이오테크는 더욱 그렇다. 연구개발을 위한 자금 조달 비용이 예상보다 높게 유지되기 때문이다. 반면 시장의 변동성이 크거나 금리 인하 시기에 제약바이오 주식의 매력이 상승하는 경우가 많다.

이와 같이 종목의 펀더멘털이 강해 보인다 해도 매수를 결정하기 위해서는 한 걸음 물러서서 시장의 기대 수준과 내용, 주가 촉매 타이밍을 예측하고, 금리 등 거시경제적 요인을 참고하는 절차가 필요하다. 이러한 접근 방식은 과대평가된 주식을 매수하는 것을 피하는 데 도움이 되며, 탄탄한 펀더멘털과 합리적인 가격으로 성장할 여지가 있는 기회에 집중할 수 있게 해줄 것이다.

PART 4 BIOPHARMACEUTICAL

제약바이오 투자에 유용한 필수 부록

7 암의 의학적 미충족 수요

BIOPHARMACEUTICAL

제약바이오 업계에서 연구개발이 활발한 분야가 곧 의학적 미충족 수요가 높고 시장성이 큰 분야일 것이다. 2023년 바이오테크 라이선싱 계약에 관한 J. P. 모건의 자료[76]를 보면, 다른 질환보다 암 치료에 압도적으로 많은 비

[그림 7-1] 2023년 바이오테크 라이선싱 계약의 주요 치료 분야와 총거래액

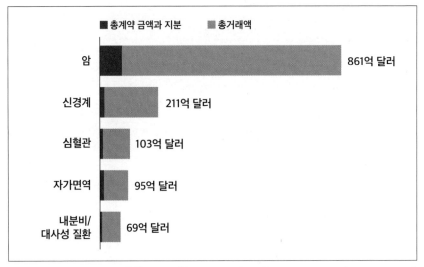

출처: J. P. 모건 〈2023 Annual Biopharma Licensing and Venture Report〉

용이 투입되고 있다는 사실을 확인할 수 있다. 알츠하이머, 파킨슨병이 해당하는 신경 질환이 그 뒤를 이었다.

7.1 암을 정복하기 어려운 이유

암은 단일 질병이 아니라, 여러 종류의 암세포가 각기 다른 유전적·환경적 요인으로 여러 장기에 발생하는 질환이다. 암은 매우 복잡하고 다양하며, 암세포의 변이, 적응성, 전이, 내성 발달 등의 이유로 아직까지 완전히 정복되지 못했다.

① 암의 이질성

암은 세포 내 유전적 변이가 축적되어 발생하는 질병이다. 같은 유형의 암이라 해도 환자마다 그리고 종양 내에서도 다양한 유전적 변이를 가지고 있다. 그로 인해 환자마다 치료에 대한 반응이 다르고, 종양 내 일부 세포만 치료에 반응하는 경우도 있다. 이러한 이질성은 표준화된 단일 치료법으로 모든 암을 치료하는 것을 어렵게 만든다.

② 암세포의 적응성과 내성

암세포는 빠르게 변이하며, 치료제에 대해 내성을 발달시킬 수 있다. 특정 항암제가 처음에는 효과가 있다 해도 시간이 지남에 따라 암세포가 약물에 적응하면서 더 이상 효과가 나타나지 않는 경우가 많다. 이러한 내성 발달은 암 치료의 가장 큰 장애물 중 하나다. 암세포는 다양한 생존 경로를 통해 계속해서 살아남으려 하기 때문에 기존의 치료법으로는 모든 암을 억제할 수 없다.

③ 전이

암세포가 처음 발생한 장기를 벗어나 다른 장기로 전이되는 과정은 치료를 더욱 복잡하게 만든다. 전이된 암세포는 더 공격적이고 치료가 어려운 특성을 보이기도 한다. 전이는 암으로 인한 사망의 주요 원인이 된다.

④ 조기 진단의 어려움

대부분의 암은 초기 증상이 거의 없거나 미미해 조기 진단이 어렵다. 암이 조기에 발견되면 치료 성공률이 높아지지만, 많은 경우 암이 상당히 진행되고 나서야 진단된다.

암을 정복하기 어려운 이유들은 의학적 미충족 수요의 원인이자, 항암제 개발의 도전 과제이자, 기회다. 새롭게 등장하는 항암제들은 기존 약물보다 내성 발달 또는 전이를 지연시켜 환자의 생존 기간을 연장시킨다. 암세포의 내성 발달이나 전이를 더욱 지연시키거나, 조기 진단을 높일 수 있는 새로운 기술과 약물을 개발하는 기업은 여전히 유망한 투자 대상이다.

7.2 의학적 미충족 수요가 높은 암 종류

암의 의학적 미충족 수요를 간단한 통계를 통해 살펴보자. [그림 7-2]는 세계보건기구 산하 국제암연구소IARC가 집계한 전 세계 부위별 암 발생자 수와 사망자 수를 정리한 것이다. 새롭게 발생하는 환자가 많은 암은 폐암, 유방암, 대장암, 전립선암, 위암, 간암 순이다. 발생자 수가 많다는 건 신규 환자가 많다는 것, 곧 시장이 크다는 의미다. 이 분야에는 이미 많은 치료제가 경쟁하고 있어 새로운 치료제는 기존 치료제 대비 확실한 효과를 보여주어야 한다. 바꿔 말하면, 이들 분야에서 기존 치료제 대비 확실한 효과를 보여주는 의약품이 등장한다면 상업적으로 창출할 수 있는 가치가 크다.

[그림 7-2] 전 세계 부위별 암 발생자 수와 사망자 수(2022년 기준)[77]

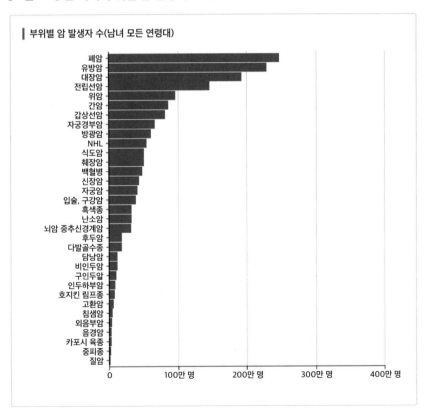

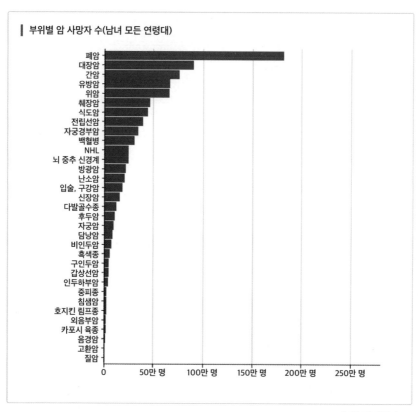

부위별 암 사망자 수(남녀 모든 연령대)

출처: 국제암연구소

한편 사망자 수가 많은 암은 폐암, 대장암, 간암, 유방암, 위암, 췌장암 순이다. 사망자 수가 많다는 것은 효과적인 치료제에 대한 의학적 수요가 높은 분야임을 뜻한다. 폐암이 시장도 크고 치료제에 대한 의학적 수요도 높은 분야라는 것을 알 수 있다. 아직 개발된 치료제가 적은 췌장암의 경우 발생 건수 순위에 비해 사망 건수 순위가 높은 것으로 집계되어 새로운 치료제에 대한 수요가 큰 영역임을 확인할 수 있다.

현재 치료제가 거의 없거나 효과적인 치료법이 제한된 다섯 가지 암을 소개한다. 이를 소개하는 것은 해당 암에만 투자 기회가 있다는 것이 아니라, 개발 중인 어떤 후보물질이 다음 질환을 다룬다면 좀 더 관심을 가질 필요가 있다는 의미다.

① 췌장암

췌장암은 매우 빠르게 진행되는 암으로, 초기 증상이 거의 없어 진단이 늦게 이루어진다. 기존의 화학 요법과 방사선 치료는 제한적인 효과를 보이며, 수술이 가능한 환자는 소수에 불과하다.

② 담도암

담도암은 드물지만 매우 공격적인 암으로, 진단 시점에 이미 상당히 진행된 상태인 경우가 많다. 치료 옵션은 주로 수술이지만, 대다수 환자는 수술이 불가능하다. 표적 치료제와 면역 치료제 개발이 일부 진행되고 있으나, 여전히 효과적인 치료법이 부족하다.

③ 교모세포종

뇌암 중 가장 공격적인 유형으로, 기존의 치료법(수술, 방사선, 화학 요법)에도 불구하고 매우 높은 재발률을 보인다. 신경계에 침범하는 특성 때문에 치료가 어렵고, 치료에 대한 저항성이 강하다.

④ 간암

간암은 주로 간경변이나 만성 간 질환과 연관되어 발생하며, 진단이 늦어질수록 치료가 매우 어렵다. 간암 환자의 경우, 수술 외에 효과적인 치료법이 제한적이며 재발률이 높다. 몇몇 면역 치료제와 표적 치료제가 도입되었지만, 여전히 생존율을 크게 개선하지는 못하고 있다.

⑤ 소세포폐암

소세포폐암은 폐암 중에서도 매우 공격적인 유형이다. 화학 요법에 대한 초기 반응은 좋지만, 대부분의 환자가 빠르게 재발한다. 재발 후에는 치료 옵션이 매우 제한적이며, 치료에 대한 내성이 발생하는 경우가 많다.

7.3 항암제 연구개발 트렌드[78]

2012년 이후 항체, 유전자 치료법, 백신 등 다양한 치료 카테고리에 걸쳐 약물 개발이 지속적으로 증가했으며, 전임상 및 초기 임상 단계(1상 및 2상)가 큰 비중을 차지했다. 지리적으로는 미국과 중국이 이러한 성장을 주도하고 있다. 현재 약물 개발의 중점 분야에는 면역 관문 분자, 인터루킨, 키나제, 케모카인 같은 단백질 표적과 T세포, NK세포 같은 세포 표적이 포함된다. 이러한 표적은 특히 면역종양학 분야에서 발전된 치료법의 핵심이며, 이러한 단백질과 세포를 조절하면 보다 효과적인 치료 전략으로 이어질 수 있을 것으로 기대된다.

① 면역 관문 억제제 Immune checkpoint inhibitors

CTLA-4, PD-1, PD-L1 및 LAG3 억제제 같은 면역 관문 억제제는 체내 T세포 억제 경로를 차단해 T세포가 암세포를 표적으로 삼아 파괴할 수 있도록 한다. 2011년 이후 11개 제품이 FDA 승인을 받았다.

자극성 면역 체크 포인트도 유망하게 떠오르고 있다. 항 CD137 항체는 T 세포를 활성화하고 인터페론 감마IFN-γ 생산을 촉진할 수 있는 것으로 나타나 신세포암종 및 결장암에 잠재력이 있다. 또한 인터페론 감마 경로를 통한 면역 억제에 관여하는 항 CD38 항체도 FDA 승인을 받은 바 있다.

② CAR-T 요법

CAR-T 요법은 환자의 혈액에서 T세포를 채취해 특정 암세포를 표적하도록 유전적으로 변형한 뒤 이를 다시 환자에게 주입해 암세포를 공격하도록 하는 방법이다. 2017년 FDA가 최초로 CAR-T 요법을 승인한 이래 5개의 다른 CAR-T 요법이 FDA 승인을 받았다. 급성 림프구성 백혈병ALL, 비호지킨 림프종NHL, 다발골수종MM 같은 혈액암을 타깃으로 한다.

혈액암에 대한 CAR-T의 성공에도 불구하고 위암, 췌장암, 폐암 같은 고형암에 CAR-T 요법을 적용하는 데는 아직 장애물이 있다. 최근에는 종양에 대한 직접적인 CAR-T 투여를 탐구하고, 고형암 치료의 대안으로 CAR-NK 및 CAR-M 치료법을 개발함으로써 이러한 장벽을 해결하고자 연구가 진행되고 있다.

의약품을 몇 곳의 제조소에서 생산해 전 세계 환자에게 공급하는 기존 방식과 달리, 환자 개개인의 세포를 채취해 유전자 조작을 가하는 치료제의 경우 의약품 제조 과정에 환자의 세포가 필요하다는 특징이 있다. 따라서 이러한 의약품이 시장의 수요를 맞추기 위해서는 개별 환자들의 세포를 처리할 수 있는 제조시설 여력 또한 중요하다.

③ 항체-약물 접합체Antibody-Drug Conjugate, ADC

ADC는 세포독성 약물(페이로드)을 링커로 항체에 연결한 접합체다. ADC의 항체 부분은 암세포의 표적 항원에 선택적으로 결합한다. 링커는 항체와 페이로드를 안정적으로 연결하고 있다가 표적 암세포에 페이로드 방출을 촉진해야 한다. 페이로드는 세포독성 물질로서 표적 암세포에 강력하게 작용해야 한다.

150개 이상의 고유한 ADC 후보가 HER2, TROP2, Claudin 18.2, cMET, B7-H3 항원을 표적으로 임상시험 중이다. 이중특이적 ADC도 임상시험 중이며, 고형암에서 잠재력을 보여주고 있다. 유방암, 위암, 난소암, 림프종, 백혈병 등 다양한 고형암과 혈액암 치료제로서 현재 15개 ADC가 FDA 승인을 받았다. ADC는 표적 항원, 링커, 페이로드를 조합해 다양하게 만들 수 있기 때문에 맞춤형 암 치료의 지평을 확장하는 데 중요한 역할을 하고 있다.

④ 암 백신Cancer vaccine

암 백신은 종양특이적 표지를 인식하고 공격하는 T세포 매개 적응 반응을 촉진함으로써 암세포에 대한 인체 면역 체계를 활성화하도록 하는 면역 요법이다. 암 발생 위험을 줄이기 위한 예방 백신과 암을 치료하기 위한 치료 백신으로 분류된다. DNA 또는 mRNA 백신은 암특이적 항원을 암호화해 면역 반응을 촉진한다. RNA 기반 백신은 안전성, 신속한 작용, 제조 용이성으로 인해 최근 몇 년간 더욱 활발히 연구되고 있다. 또한 펩타이드 백신, 전세포 백신, 바이러스 백신, 나노 백신 등이 연구되고 있다.

이외에도 NK세포(자연살해세포), 종양 관련 대식세포TAM를 표적으로 하는 암 치료제를 개발하는 연구가 진행되고 있다. 표적 면역 요법의 효과를 강화하고 표적 외 효과는 최소화하기 위해 약물 및 세포 전달 시스템 또한 활발히 연구되고 있다. 암의 조기 진단이 가능하도록 하고, 치료제의 표적으로 활용할 수 있는 새로운 바이오마커를 발굴하는 것도 주요 연구 분야다. 혁신적인 치료법일수록 투자에 앞서 임상시험 결과를 확인하는 것을 잊지 말자.

8 제약바이오 플랫폼 기술

BIOPHARMACEUTICAL

제약바이오 산업에서 플랫폼 기술은 여러 물질이나 의약품 개발에 응용 가능한 기반 기술로, 기업의 연구개발 역량과 사업 확장성을 결정짓는 핵심 자산이다. 플랫폼 기술의 가장 큰 강점은 확장성에 있으며, 하나의 기술 기반을 바탕으로 다양한 신약 후보물질 발굴이나 기존 의약품의 제형 개선 등 다방면에 활용할 수 있다. 또한, 해당 기술을 제3자에게 반복적으로 라이선스 아웃할 수 있어, 제약바이오 산업에서는 지속적인 수익 창출이 가능한 고부가가치 기술로 평가된다.

고유의 플랫폼 기술을 보유한 기업에 있어 지적재산권IP의 보호와 특허 전략은 핵심 경쟁력이다. 따라서 투자자는 해당 기업이 어떤 기술적 차별성을 갖고 있으며, 이를 어떻게 특허로 보호하고 있는지 면밀히 검토할 필요가 있다. 개인 투자자가 특허 명세서를 직접 분석하기는 어려우므로, 기업이 제공하는 기술 차별성 설명, 경쟁 환경 분석, 특허 범위와 지속 기간에 대한 정보를 객관적으로 검증하는 노력이 필요하다.

아무리 혁신적인 플랫폼 기술일지라도, 궁극적으로는 해당 기술이 상업화 또는 기술이전으로 이어지느냐가 투자 성과를 결정짓는 핵심 요소다. 대형 기술이전 계약은 기술의 상업적 가치를 입증하는 신호탄이며, 해당 기업의 시장 내 인지도와 신뢰도 제고에 긍정적이다. 다만, 기술이전 계약 당시 수령하는 계약금upfront 외에도, 마일스톤(개발 단계별 성과 보상)과 로열티 수익 발생 시점은 상세히 따져봐야 한다. 실제 수익 인식까지는 임상시험 성공, 품목 허가 등 여러 전제 조건이 충족되어야 하기 때문이다.

플랫폼 기술 자체에 문제가 없더라도, 완제품의 개발 특성, 대상 적응증의 난이도, 임상 수행 중 발생할 수 있는 변수 등으로 인해 마일스톤 달성에 지연 또는 실패가 발생할 수 있고, 경우에 따라 기술 반환이나 계약 해지 가능성도 있다. 기술을 이전받은 파트너사의 사업 전략 변화, 해당 약물과 플랫폼 기술 간의 적합성 부족 등으로 인해 계약이 원활히 진행되지 않을 수도 있다.

이러한 리스크를 분산하기 위해서는, 단일 파트너에 대한 과도한 의존을 피하고, 다수의 파트너사와 협업을 통해 기술 상용화 및 현금 조달 가능성을 유지하는 전략이 중요하다. 다양한 파트너십을 기반으로 한 재무 안정성과 사업 다변화 전략은 투자 대상으로서 플랫폼 기술 기업을 평가할 때 중요한 지표다. 2025년 상반기를 기준으로 시장의 관심을 많이 받는 제약바이오 플랫폼 기술 몇 가지와 대표적인 기업을 살펴보자.

8.1 항체-약물 결합체(ADC) 기술

ADCAntibody-Drug Conjugate는 암세포와 선택적으로 결합하는 항체에 강력한 화학독성 항암제(페이로드)를 링커로 결합한 약물이다. ADC는 표적 암세포에 결합하여 세포독성 항암제를 방출, 암세포의 사멸을 유도한다.

ADC는 항체가 암세포 표면의 특정 항원에만 결합하므로, 정상 세포에는 비교적 영향을 적게 주면서 암세포만 선택적으로 공격할 수 있다. 즉, 기존 화학항암제 대비 진신 독성을 줄일 수 있어 부작용 부담이 적다. 또한 일반 화학항암제로 사용하기 어려운 강력한 세포독성 물질도 항체를 통해 선택적으로 암세포에 전달할 수 있기 때문에 높은 항암 효과를 기대할 수 있다. ADC는 항체, 링커, 페이로드 조합을 바꾸면 다양한 암종에 맞춤형 설계가 가능하다는 점도 장점이다.

또한 ADC가 결합한 표적 세포가 죽을 때 방출되는 페이로드가 주변의 비표적 세포까지 살상하는 현상인 방관자 효과**Bystander Effect**도 기대해 볼 수 있다. 이는 특히 암세포 내 항원 발현 정도가 균일하지 않은 경우 효과적이다. 이 효과 덕분에 항원 발현이 낮거나 없는 암세포까지 제거할 수 있어 종양 전체를 보다 효과적으로 사멸시킬 수 있다. 방관자 효과를 위해서는 페이로드가 세포막을 투과할 수 있어야 한다.

ADC는 항체부위가 특정 암세포에서만 과발현되는 항원에 특이적으로 인식해야 정상 세포 손상을 최소화할 수 있다. 항체와 항암제를 연결하는 링커는 전신 순환 중에는 안정적으로 유지되되 표적 암세포의 내부 환경에 반응해 신택직으로 분해되어 페이로드를 방출해야 한다. 또한 독성을 최소화하면서 유효성을 최대화할 수 있는 항체와 항암제의 비율**Drug to antibody ratio**, 반감기, 약동학 등이 검증되어야 한다.

글로벌 시장조사기관 Nova one advisor에 따르면, 글로벌 항체 약물 접합체 시장 규모는 2023년에 116억 5,000만 달러였고, 2024년에는 127억 5,000

만 달러로 계산되었다. 2033년까지 연평균 성장률 9.4%로 성장하여 약 286억 1,000만 달러에 도달할 것으로 예상된다.[79] 기존의 단일 페이로드를 넘어 다중 페이로드, 새로운 타깃, 차세대 링커 등 기술 발전 가능성이 여전히 크고, 자체적인 신약 개발뿐 아니라 기술이전 또는 인수합병 가능성이 열려 있

[표 8-1] ADC 의약품 FDA 품목허가 현황(2025년 3월)

주성분명	개발사	표적	대상 질환
겜투주맙 오조가마이신 (Gemtuzumab ozogamicin)	와이어스(Wyeth)*	CD33	백혈병
브렌툭시맙 베도틴 (Brentuximab vedotin)	씨젠(Seagene)*, 다케다(Takeda)	CD30	림프종
트라스투주맙 엠탄신 (Trastuzumab emtansine)	제넨텍(Genentech), 로슈(Roche)	HER2	유방암
이노투주맙 오조가마이신 (Inotuzumab ozogamicin)	와이어스(Wyeth)*	CD22	백혈병
폴라투주맙 베도틴 (Polatuzumab vedotin)	제넨텍(Genentech), 로슈(Roche)	CD79b	림프종
엔포투맙 베도틴 (Enfortumab vedotin)	씨젠(Seagene)*, 아스텔라스(Astellas)	Nectin-4	요로상피암
트라스투주맙 데룩스테칸 (Trastuzumab deruxtecan)	아스트라제네카(AstraZeneca), 다이이치산쿄(Daiichi Sankyo)	HER2	유방암
사시투주맙 고비테칸 (Sacituzumab govitecan)	이뮤노메딕스 (Immunomedics)	TROP2	유방암
론카스툭시맙 테시린 (Loncastuximab tesirine)	ADC 테라퓨틱스 (ADC Therapeutics)	CD19	림프종
티소투맙 베도틴 (Tisotumab vedotin)	씨젠(Seagene)*, 젠맙(Genmab)	Tissue Factor	자궁경부암
미르베툭시맙 소라브탄신 (Mirvetuximab soravtansine)	이뮤노젠(ImmunoGen)	FRα	난소암
다토포타맙 데룩스테칸 (Datopotamab deruxtecan)	아스트라제네카(AstraZeneca), 다이이치산쿄(Daiichi Sankyo)	TROP2	유방암

* 화이자(Pfizer)가 인수

다는 점 등에서 ADC 플랫폼 기업은 투자 기회를 제공한다.

일본 제약회사 다이이치 산쿄Daiichi Sankyo, DSNKY는 자체 DXd ADC 플랫폼 기술을 활용하여 트라스투주맙 데룩세칸Trastuzumab deruxtecan, 다토포투맙 데룩세칸Datopotamab deruxtecan을 아스트라제네카와 공동개발하여 FDA 허가를 받았다. 다이이치 산쿄는 머크와도 ADC 항암제를 공동개발하고 있다.

ADC 플랫폼 기술 기업에 대한 인수합병도 활발하다. 자체 ADC 기술 플랫폼을 기반으로 브렌툭시맙 베도틴Brentuximab vedotin, 엔포투맙 베도틴 Enfortumab vedotin 등 ADC 항암제를 개발한 씨젠Seagen은 2023년 화이자에 인수되었다. 난소암 치료제 미르베툭시맙 소라브탄신Mirvetuximab soravtansine 을 개발한 이뮤노젠ImmunoGen은 2023년 애브비에 인수되었다. 2024년 존슨 앤존슨은 앰브릭스 바이오파마Ambrx Biopharma를, 젠맙Genmab A/S, GMAB은 프로파운드바이오ProfoundBio를 인수함으로써 임상시험 단계 신약후보물질과 ADC 플랫폼 기술을 확보했다.

그밖에 ADC 플랫폼 기술을 보유한 상장 기업으로는 독일 바이오엔텍 BioNTech, BNTX, 스위스의 ADC 테라퓨틱스ADC Therapeutics, ADCT, 미국의 메르사나 테라퓨틱스Mersana Therapeutics, MRSN 등이 있다. 항서제약Jiangsu Hengrui Pharmaceuticals, 노나 바이오사이언스Nona Biosciences, 라노바 메디슨LaNova Medicines, 키메드 바이오사이언스Keymed Biosciences, 켈룬 바이오테크Kelun Biotech, 메디링크MediLink Therapeutics 등 ADC 플랫폼 기술을 보유한 중국 제약 바이오 기업들도 글로벌 제약사와 파트너십을 활발히 진행하고 있다.

우리나라의 대표적인 ADC 플랫폼 기술 기업으로는 리가켐바이오가 있다. 자체 개발한 ConjuAll™ 플랫폼을 활용하여 다양한 ADC 후보물질을 개발 중이다. 임상 단계 진입 파이프라인과 다케다, 익수다 테라퓨틱스, 암젠,

존슨앤존슨, 오노약품공업 등 다양한 글로벌 기업과 기술이전 계약을 체결하였다. ADC뿐 아니라 항생제 신약후보물질도 임상개발 진행 중이다. 2024년 계약금 및 마일스톤 매출 증가에 힘입어 사상 최대 매출을 달성하였고 영업적자가 큰 폭 감소했으며 당기순이익이 흑자 전환했다. 신규 기술이전, 마일스톤 수령, 제3자 기술이전에 따른 수익배분 등 지속적인 매출 성장이 기대된다.

오름테라퓨틱스는 항체-분해약물 접합체Degrader-Antibody Conjugate, DAC 기술을 개발한 기업이다. DAC는 기존의 ADC와 유사하지만, 페이로드로 독성물질 대신 표적 단백질 분해제를 사용하여 특정 질병 관련 단백질을 선택적으로 제거하는 기전으로 작용한다. 오름테라퓨틱스는 2024년 BMS, 버텍스파마수티컬즈과 기술이전 계약을 맺었다.

8.2 표적단백질분해(TPD) 기술

질병의 생리에 중요한 작용을 하는 세포 내 단백질을 선택적으로 분해하는 TPDTarget Protein Degradation(표적단백질분해) 기술을 적용한 의약품도 개발되고 있다. TPD는 일반적으로 PROTACPROteolysis TArgeting Chimeras 또는 분자접착제molecular glues라는 형태로 개발된다. PROTAC 기반 TPD는 표적 단백질에 선택적으로 결합하는 결합체와 단백질 분해제E3 ligase를 링커로 연결하여 설계된다. 분자접착제는 별도의 링커 없이, 하나의 소분자가 표적 단백질과 단백질 분해제E3 ligase를 동시에 안정적으로 결합시켜 단백질 분해를 유도한다.

TPD는 암뿐 아니라 자가면역질환, 신경계 질환 등 다양한 질환으로의 확장이 가능할 것으로 기대되며, 면역관문억제제, 표적항암제 등과 병용할 때 시너지가 있을 가능성도 거론된다. 다만 아직 출시된 의약품이 없는, 검증 중인 기술인 만큼 기존 치료제 대비 어느 정도의 차별성을 보일지 임상시험 결과를 더 지켜볼 필요가 있다.

대표적인 TPD 플랫폼 기술 상장기업으로는 미국 아르비나스Arvinas, ARVN, C4 테라퓨틱스C4 Therapeutics, CCCC, 카이메라 테라퓨틱스Kymera Therapeutics, KYMR, 누릭스 테라퓨틱스Nurix Therapeutics, NRIX, 몬테로사 테라퓨틱스Monte Rosa Therapeutics, GLUE, 포그혼 테라퓨틱스Foghorn Therapeutics, FHTX가 있다. 우리나라 기업으로는 SK바이오팜, 유한양행, 제넥신, 아이리드비엠에스 iLeadBMS(일동제약 자회사), 유빅스테라퓨틱스, 업테라 등이 TPD 신약을 개발하고 있다.

8.3 이중항체 기술

이중항체bispecific antibody란 서로 다른 두 항원 또는 항원 결정기epitope에 동시에 결합할 수 있도록 설계된 항체다. 이중항체는 종양세포와 T세포에 동시에 결합함으로써 종양세포에 대한 T세포의 면역반응이 직접 일어나도록 하거나, 종양세포가 면역반응을 회피하는 신호 경로 두 가지를 동시에 차단함으로써 항암 효과를 낼 수 있다. 암뿐 아니라 면역계 질환 관련해서도 여러 사이토카인이나 수용체를 동시에 차단하는 효과가 기대된다.

이중항체 약물은 기존의 단일항체 병용요법에 비해 여러 측면에서 이점을 가질 수 있다. 첫째, 이중항체는 하나의 분자가 두 표적을 동시에 타깃하기 때문에 세포 간 가교(브릿지)를 형성할 수 있다. 단일항체 두 가지로는 T세포와 종양세포를 동시에 연결해 직접적인 T세포 매개 항암효과를 내기 어렵다. 둘째, 이중항체는 약동학적 일관성을 제공한다. 단일항체 두 종류를 병용 투여할 경우 각각의 반감기나 체내 분포가 달라 최적의 약물 농도를 맞추기 어려울 수 있지만, 이중항체는 하나의 약물로 두 타깃에 작용하므로 투여 및 용량 조절이 비교적 단순하다. 셋째, 이중항체는 제조 및 제형 측면에서 효율성을 기대할 수 있다. 두 개의 단일항체를 각각 생산해야 하는 병용요법에 비해, 이중항체는 하나의 생산 공정으로 일관된 품질과 수율을 확보할 수 있으며, 투약 편의성이나 유통 측면에서도 장점이 있다.

물론 이중항체는 분자구조가 복잡하여 개발 및 제조가 기술적으로 까다롭고, 고정된 타깃 비율로 인해 투약 유연성이 떨어질 수 있다는 단점도 있다. 그럼에도 불구하고 혁신적인 기전의 이중항체는 기존 병용요법을 대체하거나 보완할 수 있는 차세대 항체치료제로 주목받고 있다.

이중항체를 개발하기 위해서는 서로 다른 항체 조각(도메인)이 의도한 대로 짝지어질 수 있도록 설계하는 정밀한 분자 조립 및 체인 정렬 기술, 치료에 적절한 반감기 동안 항체 구조를 안정적으로 유지할 수 있는 항체 안정화 기술, 표적 세포에 대한 선택성과 특이성, 결합 강도를 정밀하게 조절하는 결합 친화도 조정 기술, 그리고 상업화를 위한 대량 생산 시 안정적인 수율 확보 및 정제 공정 최적화 등 고도화된 생명공학적 노하우가 요구된다.

이중항체는 자체적인 신약개발, 기술이전 또는 인수합병이 활발한 분야로 투자자들의 관심을 받고 있다. 기술이전 또는 자체 개발을 통해 품목허가에 성공한 이중항체 기술 기업으로는 젠맙Genmab A/S, GMAB, 암젠Amgen, AMGN,

[표 8-2] 이중항체 의약품 FDA 품목허가 현황(2024년 6월)[80]

이중항체 플랫폼 기업	의약품 개발사	이중항체 의약품	표적	대상질환
암젠 (Amgen)	암젠	블리나투모맙 (blinatumomab)	CD3xCD19	급성림프구성 백혈병(ALL)
	암젠	탈라타맙 (tarlatamab)	CD3xDDL3	소세포폐암
이뮤노코어 (Immunocore)	매디슨파마/ 이뮤노코어	테벤타푸스 (tebentafusp)	CD3xgp100- HLAA02:01	포도막흑색종
젠맙 (Genmab A/S)	존슨앤존슨	탈쿠에타맙 (talquetamab)	CD3xGPRC5D	다발골수종
	존슨앤존슨	테클리스타맙 (teclistamab)	CD3xBCMA	다발골수종
	존슨앤존슨	아미반타맙 (amivantamab)	EGFRxcMET	비소세포폐암
	애브비	엡코리타맙 (epcoritamab)	CD3xCD20	거대B세포림프종 (DLBCL), 소포성림프종
로슈/제넨테크 (Genentech)	로슈	글로피타맙 (glofitamab)	CD3xCD20	거대B세포림프종 (DLBCL)
	로슈	모수네투주맙 (mosunetuzumab)	CD3xCD20	소포성림프종
화이자	화이자	엘라나타맙 (elranatamab)	CD3xBCMA	다발골수종

출처: Trends in Cancer

제넨테크Genentech(로슈의 자회사), 화이자Pfizer, PFE, 이뮤노코어Immunocore
Holdings, IMCR가 있다. 미국 리제네론파마수티컬즈Regeneron Pharmaceuticals,
REGN는 이중항체 린보셀타맙linvoseltamab을 다발골수종 치료제로 개발하여
유럽에서 품목허가 받았으며, FDA 검토가 진행되고 있다. 중국 아케소Akeso
는 이보네시맙ivonescimab과 카도닐리맙cadonilimab을 자체 개발하여 중국 내

품목허가를 획득했으며, 글로벌 개발 및 판권은 미국 서밋테라퓨틱스Summit Therapeutics, SMMT에 라이선스 아웃했다.

　그밖에 이중항체 플랫폼 기술을 보유하고 있는 회사로는 젠코Xencor, XNCR, 자임웍스Zymeworks, ZYME, 바이오엔텍BioNTech, BNTX, 아이맙I-mab(중국) 등이 있다. 우리나라에서는 에이비엘바이오, 와이바이오로직스, 앱클론, 종근당 등이 이중항체 플랫폼 기술을 바탕으로 신약개발 노력을 기울이고 있다.

8.4 피하주사 제형 기술

　피하주사는 정맥주사에 비해 투여 시간이 짧고, 주사부위 부작용이 적으며, 환자의 편의성과 치료 지속성을 높일 수 있어 선호도가 높은 편이다. 일부 피하주사는 병원 방문 없이 가정에서도 자가 투여가 가능하다. 피하주사는 정맥주사에 비해 약물을 고농도로 피하에 투여하는 것이므로 고농도 제형의 안정성, 피하에 투여된 약물이 혈액으로 전달되는 효율성 등이 중요하다.

　항체 의약품은 분자량이 큰 단백질로 되어 있어 피하주사 시 약물이 조직에 머물거나 흡수가 느려져 피하주사 제형 개발에 제약이 있는 경우가 많았다. 그러나 히알루로니다제라는 효소를 활용하여 약물의 조직 투과도를 높여 약물의 혈액 이행을 도와주는 기술이 등장함으로써 환자 편이성 증가, 정맥주사의 부작용 회피, 시장독점기간 만료를 앞두고 제품 차별화 등을 위하여 항체 의약품의 피하주사 제형 개발이 활발해지고 있다. 피하주사 제형 플랫폼 기술 기업으로는 대표적으로 알테오젠과 할로자임 테라퓨틱스가 있다.

알테오젠은 정맥주사 제형을 피하주사 제형으로 변경하는 히알루로니다제 기반 기술인 ALT-B4 플랫폼을 보유하고 있는, 코스닥 시가총액 상위 기업이다. 머크, 산도즈, 다이이치 산쿄, 아스트라제네카 등 굴지의 글로벌 제약회사와 기술이전 계약을 체결하였다. 머크의 블록버스터 항암제 키트루다 피하주사 개발에 알테오젠의 기술이 적용된 것으로 알려졌으며, FDA 품목허가 및 상업화를 조만간 달성할 것으로 시장의 기대를 받고 있다.

미국 할로자임 테라퓨틱스Halozyme Therapeutics, HALO 역시 정맥주사 제형을 피하주사 제형으로 변경하는 히알루로니다제 기반 기술 Enhanze® 플랫폼을 보유하고 있는 회사이다. 다수의 글로벌 제약회사와 기술이전 계약을 체결하였다. 로슈의 허셉틴, 리툭산, 존슨앤존슨의 다잘렉스 등 할로자임의 기술이 적용된 다양한 피하주사 제형 제품이 출시되어 있다.

피하주사 제형 플랫폼 제공 기업은 여러 제약사와 협력하여 로열티 수익확보가 가능하다. 신약 개발 시 처음부터 피하주사 제형을 고려할 수도 있고, 시장독점기간 만료를 앞둔 정맥주사 제품의 시장지배력 강화를 위해 피하주사 제형을 개발하는 경우도 있으며, 바이오시밀러 개발사가 오리지널사보다 피하주사 제형을 먼저 개발하는 경우도 있다. 미국 FDA의 경우 피하주사 제형에 들어간 히알루로니다제를 첨가제가 아닌 약리성분으로 인정하기때문에, 미국 CMS가 히알루로니다제 첨가 피하주사의 메디케어 약가 인하를 기존 정맥주사 제형과 별도로 적용할 것이라는 관측이 있어 더욱 시장의기대를 모은다.

다만 분자량, 용해도 등 약물 특성에 따라 모든 정맥주사 제형을 피하주사제형으로 개발할 수 있는 것은 아니라는 점, 그리고 피하주사 제형과 기존정맥주사 제형간 유효성과 안전성이 동등한 수준임을 임상시험을 통해 입증해야 규제기관 승인이 가능하다는 점은 기억하자.

8.5 장기지속 주사제형 기술

장기지속형 주사제형 기술은 약물이 체내에서 수일 내지 수개월에 걸쳐 점차 방출되도록 제형을 설계하는 기술이다. 장기지속형 주사는 투여 빈도를 줄임으로써 환자의 약물 순응도를 향상시키고, 혈중 약물농도를 안정적으로 유지시키는 역할을 한다.

장기지속 주사 제형기술의 핵심은 초기 과다 방출 및 방출지연 없이 약물의 방출 속도가 예측 가능하고 지속성 있도록 하는 것, 균일한 대량 제조가 가능하게 하는 것이다. 약물의 체내 축적, 지연된 부작용 등이 발생할 수 있으므로 질환 특성과 약물의 작용기전, 약물의 용량 반응관계 등을 고려하여 개발해야 한다.

장기지속형 주사제형을 만드는 방법으로는 약물이 서서히 방출되도록 하기 위해 주성분 자체를 에스테르화하여 물리화학적 성질을 조정하거나, 수백 마이크로미터 이하의 작은 결정입자로 만드는 방법, 주성분을 미세입자, 리포좀과 같은 운반체에 매립하거나 캡슐화는 방법 등이 있다. 이 운반체의 특성과 분해 속도가 약물의 방출 속도를 크게 좌우하므로, 약물을 둘러싸는 운반체를 만드는 다양한 기술이 개발되고 있다.

장기지속 주사제형 플랫폼 기술을 가지고 있는 상장 기업으로는 알커미스Alkermes, ALKS, 메드인셀MedinCell, MDCLF, 카머러스Camurus, CAMRF, 헤론 테라퓨틱스Heron Therapeutics, HRTX, 퍼시라 바이오사이언스Pacira BioSciences, PCRX 등

[표 8-3] 장기지속 주사제형 플랫폼 기술을 보유한 우리나라 바이오테크

회사명	핵심 플랫폼 기술	주요 현황
펩트론	SmartDepot® (PLGA 기반 미립구 기술)	• 일라이 릴리와 플랫폼 기술 평가 계약 체결하여 공동 연구 진행 중 • 비만치료제 세마글루타이드의 1개월 투여제형 개발 중

인벤티지랩	IVL–DrugFluidic®
	(마이크로플루이딕스
	기반 미립구 기술)
		• 베링거인겔하임과 장기지속형 펩타이드 신약 공동개
		  발 계약 체결
		• 탈모치료제 피나스테리드, 비만치료제 세마글루타이
		  드, 오르포글리프론 장기지속제형 개발 중

지투지바이오	InnoLAMP® (멤브레인 유화방식을 적용한 미립구 기술)	베링거인겔하임과 장기지속형 펩타이드 신약 공동개발 계약 체결

이 있다. 우리나라 기업으로는 펩트론, 인벤티지랩, 지투지바이오, 지엘팜텍 등이 있다.

장기지속 주사제형 분야는 투여하기 쉬우면서 안정적인 제형을 개발하기 위한 기술 개선 여지가 많고, 다양한 의약품으로 확장성이 높아 투자의 기회를 제공한다. 기존에는 주로 정신과 질환이나 당뇨병 치료제에 주로 적용되었지만, 최근에는 GLP-1 기반 비만치료제, HIV 치료제, 안과질환, 희귀질환 등으로 확장 중이다.

다만 물리화학적 특성 면에서 특정 약물과의 적합도가 중요하며, 장기지속 주사 제형 역시 기존 의약품과 유효성과 안전성이 동등한 수준임을 임상시험을 통해 입증해야 규제기관 승인이 가능하다.

8.6 혈액-뇌 장벽(BBB) 투과 기술

혈액-뇌 장벽**BBB; Blood-Brain Barrier**은 혈액 내 산소, 포도당, 아미노산 등 필요한 물질만 선택적으로 통과시키고 독소와 병원균으로부터 중추신경계(뇌와 척수)를 보호하는 인체 보호막이다. BBB의 존재는 대부분의 약물이 뇌로 이동하는 것을 방해한다. 뇌로 약물 전달이 충분하지 않으면 치료 효과가 떨어지고 다른 장기와 조직에 약물이 축적되어 부작용이 심해질 수 있다. 필요한 약물이 BBB를 투과하여 뇌로 전달될 수 있도록 하는 BBB 투과 기술은 뇌종양, 뇌혈관질환, 파킨슨병, 알츠하이머병, 다발성경화증 등 중추신경계 질환에 대한 약물 치료에 중요한 역할을 한다.

전달 효율성과 안전성이 모두 필요하기 때문에, BBB를 통과할 수 있는 약물 전달 시스템은 화학 조성 및 표면 특성이 나노 단위로 설계된다. 리포좀, 미셀, PLGA 기반 나노입자, 금 나노입자, 탄소나노튜브, 그래핀 등의 다양한 형태로 BBB 투과 약물전달 시스템이 연구되고 있지만 아직 전임상 또는 초기 임상단계가 많아 충족되지 못한 의학적 수요가 크다. BBB를 통과하는 약물 개발은 구조 설계, 전달 효율, 안전성, 면역반응 회피 등 복합 기술이 필요하여 진입장벽이 높다. 약물을 뇌 영역별로 전달하는 정밀도를 높이고 약물 방출속도를 제어할 수 있으며 뇌 및 다른 장기에 안전한 BBB 투과 기술 개발을 위해 많은 기업이 노력하고 있다.

BBB 투과 플랫폼 기술을 보유한 미국 상장기업으로는 디날리 테라퓨틱스**Denali Therapeutics, DNLI**, 보야저 테라퓨틱스**Voyager Therapeutics, VYGR**, 바이오아시스 테크놀로지**Bioasis Technologies, BIOAF** 등이 있다. 알리아다 테라퓨틱스 **Aliada Therapeutics**는 2024년 애브비에 인수되었다.

우리나라의 에이비엘바이오는 BBB 분자 셔틀로 작용하는 항체에 뇌질환을 치료할 수 있는 항체를 결합한 이중항체 플랫폼을 이용하여 뇌질환 치료제를 개발하고 있다. 2022년 글로벌 제약사 사노피에 파킨슨병 치료세 후보물질을 기술 수출한 바 있으며, 2025년 BBB 셔틀 플랫폼인 Grabody-B를 GSK에 기술이전하는 계약을 체결했디.

9 트렌드로 살펴보는 비만치료제 시장

BIOPHARMACEUTICAL

9.1 비만치료제 시장의 성장

비만은 단순한 체중 증가 문제가 아니라 심혈관 질환, 당뇨병, 고혈압, 지방간 등 다양한 만성 질환의 주요 원인으로 지목된다. 1990년부터 2021년까지 성인 과체중과 비만의 유병률 추세를 조사하고 2050년 전망을 예측한 연구[81]에 따르면, 1990년부터 2021년까지 30년간 전 세계 비만 유병률은 남성에서 155.1%, 여성에서 104.9% 증가했다. 이러한 추세가 지속된다고 가정하면 2050년까지 과체중 및 비만으로 사는 성인이 세계 인구의 50% 이상인 38억 명에 도달할 것으로 예상된다고 한다. 비만은 조기 질병과 사망 위협을 초래하기 때문에 현재와 미래에 피할 수 있는 건강 위험 중 하나이며, 해결을 위한 보다 적극적인 조치가 필요한 상황으로 경각심이 커지고 있다.

심각한 비만의 경우 위 우회술이나 슬리브 절제술과 같은 외과적 수술이 일부 적용되기도 하지만, 전체 비만 인구에 보편적으로 적용하기는 어렵다. 보다 광범위한 비만 인구에게 안전하고 반복 가능한 치료를 제공할 수 있는 비만치료제에 대한 수요가 높으며, 이는 비만을 만성질환으로 관리하려는 의료 패러다임의 변화와 맞물려 그 중요성이 더욱 부각되고 있다.

최근 GLP-1 수용체 작용제 기반 비만치료제들이 시장에서 큰 관심을 받으며 비만치료제 시장이 빠르게 성장하고 있다. 글로벌 비만치료제 시장은 2023년에 매출 60억 달러를 달성했다. 골드만 삭스Goldman Sachs는 시장이 2030년까지 1,300억 달러까지 성장할 수 있다고 예측하고 있다. 모건 스탠리 Morgan Stanley는 시장이 2030년 1,050억 달러에 도달할 것이며 1,440억 달러까지 도달할 수도 있다고 예상하고 있다.[82]

GLP-1Glucagon-Like Peptide-1은 식욕을 억제하고 인슐린 분비를 촉진하는 인크레틴 호르몬이다. GLP-1 수용체 작용제는 처음에 2형 당뇨병 치료제로 개발되었다가 우수한 체중감소 효과가 확인되어 비만치료제로 부상하였다. 2025년 3월 현재 노보 노디스크Novo Nordisk의 GLP-1 수용체 작용제 세마글루타이드Semaglutide, GIPGlucose-dependent Insulinotropic Polypeptide 수용체와 GLP-1 수용체에 동시에 작용하는 일라이 릴리Eli Lilly의 터제파타이드Tirzepatide가 시장을 양분하고 있다.

9.2 비만치료제의 건강상 이점에 대한 시각

체중감소 외에 심혈관계 질환 위험 감소, 당뇨 환자의 신장질환 진행 지연 등 GLP-1 수용체 작용제의 대사질환 전반에 대한 효과를 확인하려는 다양한 임상시험이 진행되고 있다. 비만치료제 투여를 통한 건강상 이점을 보다 직접적으로 확인할 필요가 있기 때문이다.

규제기관에 따라 비만치료제에 대한 접근 방식이 다른 것이 흥미롭다. 미국 FDA는 노보 노디스크의 세마글루타이드에 심혈관계 위험 감소 적응증을 승인하였으며 일라이 릴리의 터제파타이드에 수면무호흡증 치료 적응증을 부여하였다. 반면, 유럽 EMA는 관련 임상시험 데이터를 제품설명서에 반영하되 별도의 적응증 확대 승인은 하지 않았다. FDA와 EMA의 규제 접근법이 어떤 방향으로 변화할지, 그에 따라 미국과 유럽 간 비만치료제 개발 전략이 어떤 영향을 받을지 주목할 필요가 있다.

미국에서는 2024년 3월부터 심혈관 위험 감소와 같이 의학적으로 인정된 적응증에 한해 비만치료제의 메디케어 파트 D 적용을 허용하고 있다. 이는 비만치료제의 접근성을 향상시키는 중요한 변화로, 향후 관련 임상시험과 건강상 이점에 대한 연구가 더욱 활발해질 것으로 예상된다.

9.3 GLP-1 수용체 작용제의 확장성

GLP-1 수용체 작용제는 비만과 당뇨 치료를 넘어, 다양한 질환 영역으로 적용 가능성이 탐색되고 있다. 대표적으로 비알코올성 지방간염MASH 치료에 대한 연구가 활발하며, 다낭성 난소증후군과 같은 대사 관련 질환에서도 긍정적인 신호들이 관찰되고 있다. 노보 노디스크는 비알코올성 지방간염에 대한 세마글루타이드 3상 임상시험에서 긍정적인 결과를 확인하였고, 2025년 적응증 추가를 시도할 것으로 보인다.[83]

흥미로운 것은 GLP-1 계열 약물이 전임상 연구에서 신경 보호 효과가 있는 것으로 발견되어 알츠하이머병이나 파킨슨병 같은 신경퇴행성 질환에 대해서도 연구되고 있다는 점이다. 최근 엑세나타이드exenatide가 파킨슨병 증상 개선에 유의미한 영향을 미치지 않았다는 3상 임상시험 결과[84]가 발표된 바, 이 분야에서 GLP-1 수용체 작용제의 효과를 확인하기 위해서는 추가적인 연구가 필요하다. 이 밖에도 금연이나 약물 중독과 같은 금단현상 치료제로서의 가능성도 일부 초기 연구에서 제기되고 있다.

이처럼 GLP-1 계열 약물은 단순히 체중 감량 효과에 국한되지 않고, '전신 대사 조절 플랫폼'으로서의 역할을 할 수 있는 확장성을 보여주고 있다. 이는 투자자 입장에서 장기 성장 가능성을 긍정적으로 평가할 수 있는 요소다. 그러나 확장성과 가시성은 다르다는 점을 분명히 인식해야 한다. 아직 많은 적응증이 초기 임상시험 단계에 있어 시장 진입까지는 수년이 소요될 수 있으므로, 추가 적응증에 대한 과도한 기대보다는 신중한 접근이 필요하다.

9.4 투여 편의성 증대 노력

세마글루타이드와 터제파타이드는 주 1회 피하주사 제형으로 처음 출시되었다. 주사 횟수를 줄이면서도 효과를 유지하는 것이 치료 순응도를 높이는 핵심 요소이기 때문에, 월 1회 투여처럼 투여 간격을 늘리기 위한 연구가 활발하게 진행 중이다.

또 하나의 중요한 흐름은 경구제형 개발이다. 주사제에 대한 환자의 부담을 줄이고 복용 편의성을 높이기 위한 시도다. 펩타이드 약물은 경구로 투여하면 소화 과정에서 쉽게 분해되기 때문에, 경구제형 개발을 위해서는 소화기관 내에서 펩타이드의 분해를 줄이고 일정 수준의 흡수율을 확보할 수 있는 제제 기술이 필수적이다. 노보 노디스크는 세마글루타이드의 경구 제형을 당뇨병 치료제로 이미 출시했으나 아직 비만치료 적응증은 받지 못했다.

투여 편의성과 효과를 모두 만족시키는 제형 개발은 단순한 기술 문제가 아니라, 시장에서 환자와 의료진의 선택을 좌우할 수 있는 중요한 전략 요소다. 향후 비슷한 효능의 약물이 여러 개 나올 경우, 제형의 차별성이 제품 경쟁력을 결정짓는 주요 변수로 작용할 수 있다. 따라서 비만치료제 관련 기업에 투자를 고려할 때는 임상시험 결과뿐만 아니라 제형의 차별성, 복용 편의성 개선 전략도 중요한 평가 기준으로 삼을 필요가 있다.

9.5 새로운 작용기전의 가능성

GLP-1 수용체 작용제가 비만치료제 개발의 주류를 이루고 있지만 그밖에 다양한 기전을 가진 약물도 연구되고 있다. 아밀린amylin 수용체 작용제는 식사 후 포만감을 증가시켜 주는 효과, CB1 수용체 차단제는 식욕을 억제하고 지방 분해를 촉진하는 효과, MGAT2 수용체 억제제는 소장에서 중성지방 재합성을 억제하여 지방의 흡수를 감소시키는 기전을 가진다. 또한 GLP-1 수용체 작용제로 인한 체중 감소의 최대 40%가 근육 소실에 의한 것이라는 발견에 따라, 체중감소 시 근육손실을 최소화할 수 있는 2형 액티빈 수용체 억제제, 미오스타틴mysostatin 억제제도 개발되고 있다. 선택적 안드로겐 수용체 조절제SARM도 근육을 증강시키면서 체지방을 감소시키는 효과에 대해 연구되고 있다.

새로운 기전을 가진 약물에 대해서도 역시 현재 일라이 릴리와 노보 노디

[그림 9-1] 작용기전별 비만치료제 임상시험 현황(2025년 3월)[85]

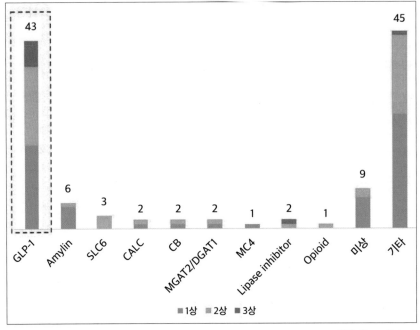

출처: FierceBiotech

스크가 주도를 하고 있다. 새로운 기전을 가지는 약물의 유효성과 안전성, 그로 인한 건강상의 이점이 임상시험을 통해 입증될 수 있을지, 기존 치료제와 어떤 차별점이 부각될지 관심을 갖고 지켜보도록 하자. 이 약물들이 GLP-1 수용체 작용제를 대체하거나 병용요법으로 개발됨에 따라 비만치료제 시장의 역동성은 더욱 커질 것으로 예상된다.

9.6 비만치료제 개발 현황

2025년 4월을 기준으로 비만치료제 개발을 선도하고 있는 노보 노디스크와 일라이 릴리의 비만치료제 파이프라인 중 2상 또는 3상 임상시험에 진입한 약물은 [표 9-1]과 같다. 투여 편의성 증대, 더 개선된 체중감소 효과를 위한 새로운 기전, 근육소실 방지 등 다양한 목적의 파이프라인이 포진해 있다.

그 외에도 여러 제약바이오 기업이 Best in class 비만치료제 개발을 위해 많은 투자와 노력을 기울이고 있다. 베링거 인겔하임Boehringer Ingelheim(비상장)은 질랜드 파마Zealand Pharma A/S와 함께 GLP-1/글루카곤 수용체 이중 작용제 서보두타이드survodutide를 공동 개발하고 있다. 2023년 말 3상 임상시험을 시작했다.[86]

[표 9-1] 일라이 릴리와 노보 노디스크의 비만치료제 2상, 3상 파이프라인

일라이 릴리	노보 노디스크
• 리타트루타이드(Retatrutide): GLP-1, GIP, 글루카곤 수용체를 동시에 자극하는 삼중작용제. • 오르포글리프론(Orforglipron): 비펩타이드 기반 경구 GLP-1 수용체 작용제. • 엘로랄린타이드(Eloralintide): 아밀린 수용체 작용제. 피하주사 제형. • 마즈두타이드(Mazdutide): GLP-1/글루카곤 수용체 작용제. • 비마글루맙(Bimagrumab): 2형 액티빈 수용체에 결합하는 항체. 지방 감량 및 근육량 증가 효과를 목적으로 개발 중. • LY3549492: GLP-1 수용체 작용제. 경구제형.	• 세마글루타이드 경구제형 • 세마글루타이드 주1회 피하주사 제형 • 카그리세마(CagriSema) : 세마글루타이드와 아밀린 수용체 작용제 카그릴린타이드를 복합한 주1회 피하주사 제형. • GELA NN9505: 초음파를 이용한 월1회 투여 비만치료제. • 몬루나반트(monlunamant): 경구용으로 개발 중인 CB1 수용체 차단제. • 카그릴린타이드(cagrilintide): 아밀린 수용체 작용제. 주1회 피하주사 제형. • 아미크레틴(amycretin): GLP-1 수용체와 아밀린 수용체에 함께 작용하는 경구제형 및 주1회 피하주사 제형. • OW GIP/GLP-1: GLP-1/GIP 수용체 작용 주1회 피하주사 제형.

출처: 양사 사이트, 2024년 Annual Report

암젠Amgen, AMGN이 개발 중인 마리타이드MariTide, Maridebart cafraglutide는 GLP-1 수용체에 작용하고 GIP 수용체에 길항하는 이중항체 약물이다. 2025년 3월 3상 임상시험을 시작하였다.

바이킹 테라퓨틱스Viking Therapeutics, VKTX는 GLP-1/GIP 수용체 이중작용제 VK2735 피하주사 제형의 2상 임상시험을 마쳤으며, 2025년 2분기에 3상 임상시험을 시작할 계획이다. 바이킹 테라퓨틱스는 1일 1회 투여하는 VK2735 경구 제형의 2a상 임상시험도 진행 중이다.[87]

알티뮨Altimmune, ALT은 GLP-1/글루카곤 수용체 이중작용제 펨비두타이드 pemvidutide가 2상 임상시험에서 근육량 소실은 적으면서 체지방 감소 효과를 나타냈다고 밝혔으며, 3상 임상시험을 시작할 계획이다.[88]

미국 제약사 베루Veru Inc., VERU는 2상 임상시험에서 경구용 선택적 안드로겐 수용체조절제SARM 에노보삼Enobosarm이 세마글루타이드를 투여 중인 피험자의 순수 근육량을 유지하고, 체지방을 감소시켰다고 발표하였다. 비만 및 과체중 환자를 대상으로 GLP-1 수용체 작용제와 에노보삼 병용요법에 대한 3상 임상시험을 계획하고 있다.[89]

화이자Pfizer, PFE는 경구용 GLP-1 수용체 길항제 로티글리프론lotiglipron, 다누글리프론danuglipron의 개발을 중단한 바 있다. 1일 1회 투여하는 경구용 GIP 수용체 길항제 PF-07976016의 2a상 임상시험NCT06717425을 진행 중이다.[90]

아스트라제네카AstraZeneca, AZN는 경구 GLP-1 수용체 작용제 AZD5004, 장기지속형 아밀린 수용체 작용제 AZD6234, GLP-1/글루카곤 수용체 이중 작용제 AZD9550와 AZD6234 병용요법에 대한 2상 임상시험을 각각 진행하고 있다.[91]

로슈Roche, RHHBY는 주1회 피하주사 하는 GLP-1, GIP 수용체 이중 작용제 CT-388의 2상 임상시험을 진행하고 있으며, 미오스타틴 억제 항체 RO7204239, 카못 테라퓨틱스Carmot Therapeutics를 인수함으로써 도입한 경구 GLP-1 작용제 CT-996도 개발 중이다. 2025년 3월, 2b상 임상시험 중인 장기지속형 아밀린 수용체 작용제 페트렐린타이드petrelintide 공동개발을 위해 질랜드 파마Zealand Pharma A/S와 파트너십을 체결하면서[92] 비만치료제 개발에 더욱 박차를 가하고 있다.

스트럭처 테라퓨틱스Structure Therapeutics, GPCR는 1일 1회 경구 투여하는 비펩타이드 GLP-1 수용체 작용제 GSBR-1290의 2b상 임상시험을 진행하고 있다. 그 밖에도 아밀린 수용체 작용제, GLP-1과 GIP, 글루카곤, 아펠린 수용체 작용제 조합 등 여러 경구 비만치료제를 연구하고 있다.[93]

리제네론 파마수티컬Regeneron Pharmaceuticals, REGN은 미오스타틴 항체 트레보그루맙Trevogrumab과 액티빈 A 항체 게어토스맙Garetosmab을 세마글루타

[그림 9-2] 주요 비만치료제 파이프라인의 개발현황(2025년 4월)

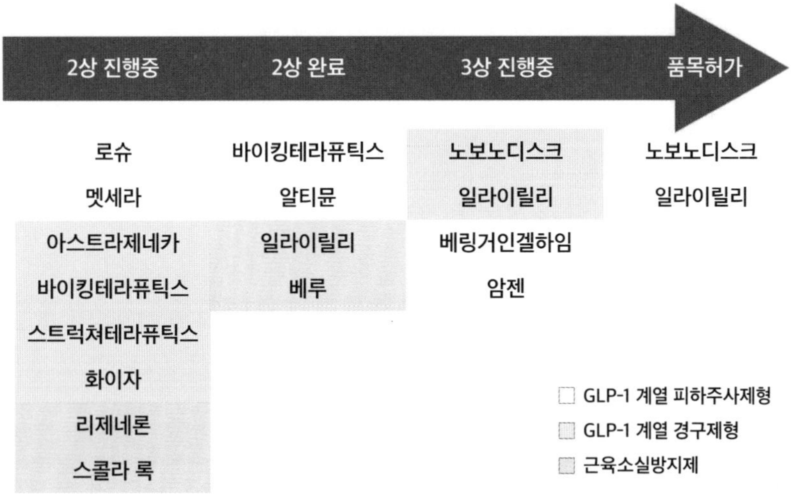

2상 진행중	2상 완료	3상 진행중	품목허가
로슈	바이킹테라퓨틱스	노보노디스크	노보노디스크
멧세라	알티뮨	일라이릴리	일라이릴리
아스트라제네카	일라이릴리	베링거인겔하임	
바이킹테라퓨틱스	베루	암젠	
스트럭쳐테라퓨틱스			
화이자			
리제네론			
스콜라 록			

□ GLP-1 계열 피하주사제형
▨ GLP-1 계열 경구제형
▩ 근육소실방지제

[표 9-2] 3상 임상시험 중인 GLP-1 작용 비만치료제 현황(2025년 3월)

개발사	약물	작용 수용체				투여 경로
		GLP-1	GIP	글루카곤	아밀린	
베링거인겔하임 (Boehringer Ingelheim)	서보두타이드 (survodutide)	O		O		피하
일라이 릴리(Eli Lilly)	오르포글리프론 (orforglipron)	O				경구
일라이 릴리(Eli Lilly)/ 이노벤트(Innovent, 중국)	마즈두타이드 (mazdutide)	O		O		피하
일라이 릴리(Eli Lilly)	리타트루타이드 (retatrutide)	O	O	O		피하
노보 노디스크 (Novo Nordisk)	카그리세마(CagriSema, cagrilintide + semaglutide)	O			O	피하
암젠 (Amgen)[94]	마리타이드 (MariTide, Maridebart cafraglutide)	O				피하
사이윈드 바이오사이언스 (Sciwind Biosciences, 중국)	에크노글루타이드 (ecnoglutide)*	O				피하

* Verdiva Bio(중국, 한국 외 지역), HK이노엔(한국)과 개발 및 상업화를 위한 라이선스 및 파트너십 계약 체결

출처: clinicaltrials.gov, FierceBiotech

이드와 병용하는 2상 임상시험을 진행하고 있다.[95]

　　스콜라 록Scholar Rock, SRRK은 비만 환자를 대상으로 미오스타틴 항체 아피테그로맙Apitegromab과 GLP-1 수용체 작용제를 병용 투여하는 2상 임상시험을 진행 중이다.[96] 멧세라Metsera, MTSR은 GLP-1 수용체 작용제의 월 1회 피하주사 제형 MET-097i의 2b상 임상시험을 진행하고 있다. 아밀린 유사체 MET-233i, 그리고 우리나라 코스닥 상장사 디앤디파마텍으로부터 도입한 GLP-1 수용체 작용제의 장기지속형 경구제형도 개발 중이다.[97]

　　애브비AbbVie, ABBV는 Gubra A/S와 장기지속형 아밀린 수용체 작용제

GUB014295를 개발하기 위한 라이선스 계약을 체결함으로써 비만치료제 개발에 뛰어들었다. GUB014295는 1상 임상시험 중에 있다.[98]

우리나라의 여러 제약바이오 기업도 비만치료제를 개발하고 있다. 한미약품은 GLP-1 작용제 에페글레나타이드efpeglenatide 3상 임상시험, GLP/GIP/글루카곤 수용체 삼중작용제HM15275의 1상 임상시험을 진행하고 있다. CRF2Corticotropin-Releasing Factor 2 수용체에 작용해 체지방 감소와 제지방량 증가 동시달성을 위한 신약후보물질HM17321도 개발 중이다.[99]

유한양행의 자회사 프로젠은 GLP-1/GLP-2 수용체 이중 작용제 PG-102의 2상 임상시험을 진행하고 있다. 액티빈과 미오스타틴을 동시에 타깃하는 PG-110도 개발하고 있다. 미국 라니테라퓨틱스Rani Therapeutics, RANI와 경구용 비만치료제 RPG-102(RT-114)를 공동개발 중이기도 하다.[100]

디앤디파마텍은 경구용 펩타이드 기술력을 바탕으로 개발한 GLP-1 작용제 DD02S 등 비만치료제 후보물질을 미국 멧세라Metsera, MTSR에 기술이전했다. 멧세라는 DD02S에 대한 1/2상 임상시험을 진행하고 있다.

엘지화학은 2024년 1월 미국 리듬 파마슈티컬Rhythm Pharmaceuticals, RYTM에 세계 최초의 경구 제형 MC4R 작용제 LB54640의 글로벌 개발 및 판매 권리를 이전하는 계약을 체결했다. LB54640은 우리나라와 미국에서 2상 임상시험 진행 중이다.[101]

동아에스티의 미국 자회사 메타비아MetaVia, MTVA는 GLP-1/글루카곤 수용체 이중작용제 DA-1726의 1상 임상시험을 진행하고 있다.[102] 대웅제약, 대원제약, 일동제약 등도 비만치료제 개발에 노력하고 있다.

9.7 비만치료제 개발 기업 투자 시 고려할 점

노보 노디스크와 일라이 릴리의 주가 성장을 보며 비만치료제 관련 파이프라인을 보유한 제약바이오 기업에 대한 투자자들의 관심도 크게 높아졌다. 하지만 고수익이 기대되는 만큼, 투자에 앞서 반드시 고려해야 할 점을 짚고 넘어가야 한다.

① 제품 승인 전까지의 불확실성과 시장경쟁력

여느 신약개발 과정과 마찬가지로, 유사한 기전의 의약품이 많더라도 임상개발 과정에서 실패를 경험할 수 있다. 투자 시 이러한 불확실성을 항상 고려하도록 하자.

[그림 9-3] 일라이 릴리(LLY) 최근 3년 주봉차트

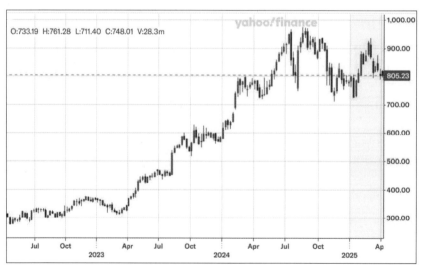

출처: Yahoo Finance

비만치료제의 유효성은 일차적으로 체중 감소량으로 평가되지만, 시장 경쟁력을 위해서는 심혈관 질환 위험 감소, 근육 소실량 감소처럼 단순한 체중 감량 이상의 임상적 가치를 입증하는 것도 요구되고 있다. 따라서 해당 기업의 임상개발계획, 2, 3상 임상시험 데이터를 꼼꼼히 확인하고, 주요 시험 지표primary endpoint 달성 여부와 이상반응 프로파일을 체크하는 것이 필요하다.

② 생산 및 공급 역량 확보 여부

비만치료제에 대한 수요가 폭발적으로 증가하면서, 노보 노디스크와 일라이 릴리는 한동안 공급 부족 문제를 겪었다. 제조역량 확충을 위해, 2024년 12월 노보 노디스크의 모회사인 노보 홀딩스Novo Holdings는 글로벌 CDMO(위탁생산개발) 기업인 카탈란트Catalent를 인수 완료했다. 노보 노디스크는 카탈란트가 보유한 50개 생산시설 중 3곳을 직접 확보할 예정이다.[103] 일라이 릴리 또한 자사 생산시설 확장을 위한 대규모 투자를 진행 중이다.[104, 105]

이러한 사례는 비만치료제 개발을 추진하는 후발 기업들에게 중요한 시사점을 제공한다. 품목허가 후 신속한 시장 진입을 위해서는 대규모 생산 및 공급망 구축이 사전에 철저히 준비되어야 한다는 점이다. 약물 간 효과나 안전성, 투여 편의성 면에서 뚜렷한 차별성이 없다면, 시장 경쟁은 결국 누가 먼저, 얼마나 많이 공급할 수 있는가, 즉 공급 역량 중심으로 흘러갈 가능성이 있다. 따라서 투자 대상 기업이 자체 제조역량을 충분히 갖추고 있는지, 또는 신뢰할 수 있는 위탁 제조사와 파트너십 여부 등을 확인하도록 하자.

③ 보험 적용 이슈

미국, 유럽 등 주요 시장에서 비만치료제에 대한 의료보험 적용은 아직 제한적이다. 하지만 비만치료제에 대한 폭발적 수요는 역설적으로 환자들이 본인 부담으로라도 약을 구매하는 수요가 크다는 의미이기도 하다. 비만치료제에 대한 의료보험 적용이 확대될 경우, 시장의 역동성이 훨씬 증가할 것이다.

비만치료제의 보험 적용 확대를 위해서는 비만치료제가 필요한 임상적 우선순위를 어떻게 설정할지에 대한 기준 마련과, 비만치료제가 공중보건 측면에서 어떠한 효용성이 있는지 사회적 합의가 필요하다. 2025년 4월, 트럼프 행정부는 바이든 행정부의 비만 치료제에 대한 메디케어 및 메디케이드 보장 확대 계획을 철회하였다. 비만치료에 공공재원이 사용되기 위해서는 비만치료제의 건강상 이점에 대한 과학적 논의와 더불어, 막대한 정부 예산 지출에 관한 제도적, 사회적 합의가 필요함을 여실히 보여준다. 임상시험을 통해 심혈관 질환, 당뇨 등 주요 질환 예방 효과를 입증한 기업은 보험 적용 확대에 유리하며, 장기적으로 안정적인 매출 기반을 확보할 수 있을 것으로 예상된다.

다만 이러한 논의의 근거로서 비만치료제의 유효성, 안전성, 비용 효과성 입증을 위해 과도하게 높은 수준의 근거가 요구될 경우, 비만치료제의 사용은 비급여 시장에 집중될 가능성도 있다.

④ 기술력과 차별화 요소

현재 주목받는 비만치료제 다수는 '펩타이드'라는 분자 구조를 가진다. 펩타이드는 일반 화학의약품보다 분자 크기가 크고, 항체의약품보다는 작다.

경구 투여 시 소화 과정에서 쉽게 분해되기 때문에 대부분 주사제 형태로 먼저 개발되었지만, 최근에는 환자의 편의성을 높이기 위해 경구 제형 개발이 활발하게 진행 중이다. 단, 펩타이드가 경구 투여를 통해서도 효과를 내기 위해선 특수한 제제 기술이 필요하다. 이 기술력이 기업 간 차별화 요소가 될 수 있으므로, 우수한 경구제형 제제기술에 대한 수요도 높을 것으로 전망된다.

또한 펩타이드는 일반 소분자 약물보다 제조 공정이 복잡하고 고난도 기술이 필요하다. 따라서 펩타이드 기반 신약이 늘어날수록 이를 안정적으로 생산할 수 있는 제조기술을 가진 CDMO에 대한 수요도 높아질 것이다.

반면, 펩타이드는 항체의약품보다는 구조가 단순해 주성분 복제가 상대적으로 쉬운 편이다. 오리지널 의약품의 시장 독점기간이 만료된 후에는 경쟁이 더욱 치열해질 수 있다는 의미다. 따라서 제형 차별화, 병용요법 전략, 특허 방어 전략 등도 기업의 장기 경쟁력에서 중요한 요소로 작용한다.

결론적으로, 펩타이드 기반 비만치료제에 투자할 때는 개발 진척도와 임상시험 결과 외에도 제형 기술, 제조 역량, 특허 전략까지 함께 고려하는 시각이 필요하다. 관심 기업이 어떤 기술적 강점을 보유하고 있는지, 경쟁 약물 대비 임상적 우위가 있는지를 반드시 살펴보도록 하자.

10 키워드로 분류한 우리나라 제약바이오 기업 88

BIOPHARMACEUTICAL

제약바이오 투자를 처음 접하는 독자를 위해, 코스피, 코스닥 상장 제약 바이오 기업 중 2025년 3월 시가총액 상위 100개 기업을 신약개발, 신약개발 및 허가, 플랫폼 기술, CDMO, 바이오시밀러, 제약 등 6가지 키워드로 간략히 분류해 보았다. 의약품 사업을 하지 않거나 지주회사인 경우는 제외하였다. **이 키워드는 서로 완전히 구분되는 것이 아니라, 하나의 회사가 여러 키워드에 해당될 수 있다.** 예를 들어 '제약'으로 구분된 기업이라도 신약 개발, 바이오시밀러 개발 등 다양한 사업을 영위하고 있을 수 있다. 관심 기업의 구체적인 사업영역에 대해서는 각 기업의 정보를 참고하기 바란다.

[표 10-1] 키워드로 본 국내 제약바이오 기업

키워드	기업명
신약허가	유한양행, SK바이오팜, SK바이오사이언스, 한미약품, 대웅제약, 종근당, 보령, 퓨쳐켐, JW중외제약, 동아에스티, 신풍제약, 비보존 제약, 메디포스트, 일동제약, 대원제약, 부광약품, 바이오솔루션
바이오테크	코오롱티슈진, 보로노이, 네이처셀, 한올바이오파마, 오스코텍, HLB생명과학, HLB테라퓨틱스, 지아이이노베이션, 디앤디파마텍, 브릿지바이오테라퓨틱스, 큐로셀, 코오롱생명과학, 에이프릴바이오, 엔솔바이오사이언스, 신라젠, 에스바이오메딕스, 코미팜, 큐리언트, 셀비온, 파멥신, 박셀바이오, 제넥신, 온코닉테라퓨틱스, 안트로젠, 압타바이오, 에이비온
플랫폼기술	알테오젠, 리가켐바이오, 펩트론, 에이비엘바이오, 오름테라퓨틱, 툴젠
제약	삼천당제약, 휴젤, 셀트리온제약, 녹십자, HK이노엔, 메디톡스, HLB제약, 동국제약, 휴메딕스, 유바이오로직스, 듀켐바이오, 영진약품, 유나이티드제약, 휴온스, 광동제약, CMG제약, 대화제약, 삼일제약, 삼진제약, 이연제약, 환인제약, 일성아이에스, 일양약품, 하나제약, 이수앱지스, JW생명과학, 제일약품, 경동제약, 동화약품, 씨티씨바이오, 서흥
CDMO	삼성바이오로직스, 에스티팜, 바이넥스, 프레스티지바이오로직스, 이엔셀
바이오시밀러	셀트리온, 프레스티지바이오파마, 에이프로젠

현명한 제약바이오 투자를 위한 여정

　주식투자는 엄선된 주식들로 구명 뗏목을 만들어 주식시장이라는 넓은 바다를 항해하는 것에 비유되곤 합니다. 각 주식은 시장 변동의 썰물과 흐름에 반응합니다. 저에게 주식투자는 더 크고 신뢰할 수 있는 주식을 발견해 저의 뗏목을 더 크고 튼튼하게 만들기 위한 여정입니다.

　인류의 의학적 미충족 수요는 시장 변동 상황과 별개로 항상 존재합니다. 또한 신약 개발에는 일정 수준 예측이 가능한, 구조화된 프로세스가 있습니다. 이러한 예측 가능성은 제약바이오 주식의 회복력과 결합되어 장기적인 가치를 제공할 수 있습니다. 따라서 제약바이오투자 성공의 열쇠는 인내심이라는 사실을 늘 기억해야 합니다.

　제약바이오 분야기 혁신과 가치 창출을 이끌어 내려면 많은 시간이 필요합니다. 기업의 특성과 투자 포인트의 타임라인을 고려하여 투자를 단행했다면, 단기적인 시장 변동성에 흔들리지 않는 굳건함과, 기업이 의미 있는 성과를 이루기까지 기다려줄 수 있는 여유로운 마음을 가질 수 있도록 함께 노력하면 좋겠습니다.

투자 종목을 선정했다면 투자자 스스로 이 회사가 무엇을 달성하기를 기대하는지 명확히 하고, 그 시점이 올 때까지 기다려야 합니다. 저는 회사가 그 목표를 달성했을 때 또는 회사가 목표를 달성하지 못할 것이 확실한 때 또는 회사가 목표 PER을 충족했을 때가 적절한 매도 시점이라고 생각합니다. 적당한 가격에 사고 적당한 가격에 파는 것이 주식투자의 원칙이니까요.

투자를 할 때는 현재의 주가 모멘텀이 시장의 어떤 기대를 반영하고 있는지 파악하고, 회사 펀더멘털의 장기적 가치 상승이 아닌, 단기적 기대에 의한 모멘텀이라면 한 발 물러서는 지혜 또한 필요합니다.

증권 전문가가 아니더라도, 업계의 모든 뉴스와 기업 정보를 파악하고 있지 않더라도 꾸준히 산업 원리 핵심에 대해 공부하고, 명확한 투자 원칙을 세웠다면 현명하게 제약바이오투자를 해나갈 수 있을 것이라고 믿습니다. 알면 불안하지 않습니다. 단기적인 주가 변동에 크게 동요하지 않는 마음 편한 제약바이오투자 여정에 이 책이 조금이나마 도움이 되길 바랍니다.

주

1 Available at: https://www.biospace.com/u-s-pharmaceutical-market-size-to-reach-usd-1-093-79-billionby-2033

2 The Business Research Company. Pharmaceutical Drugs Global Market Report. Available at: https://www.thebusinessresearchcompany.com/report/pharmaceutical-drugs-global-market-report

3 산업통상자원부. 산업통계분석시스템. ISTANS. https://www.istans.or.kr

4 U.S. Food and Drug Administration. Novel Drug Approvals for FDA. Available at: https://www.fda.gov/drugs/development-approval-process-drugs/novel-drug-approvals-fda (Accessed: 2024년 5월 28일).

5 Olivier J. Wouters, Martin McKee, Jeroen Luyten. "Estimated Research and Development Investment Needed to Bring a New Medicine to Market, 2009-2018" JAMA, 323(20), 2020, 1234-1245. Available at: https://jamanetwork.com/journals/jama/fullarticle/2762311

6 National Center for Biotechnology Information. "Osimertinib." PubChem. Available at: https://pubchem.ncbi.nlm.nih.gov/compound/Osimertinib

7 Wikipedia. "Atezolizumab." Wikipedia, Available at: https://en.wikipedia.org/wiki/Atezolizumab.

8 IQVIA. The Impact of Biosimilar Competition in Europe. December 2023, pp. 2-3.

9 Towards Healthcare. "Biosimilars Market." Towards Healthcare Insights. Available at: https://www.towardshealthcare.com/insights/biosimilars-market

10 U.S. Food and Drug Administration. Considerations in Demonstrating Interchangeability With a Reference Product: Update. U.S. Food and Drug Administration. Available at: https://www.fda.gov/media/124907/download

11 Drug Regulations. Drug Regulations. Available at: http://www.drugregulations.org

12 Available at: https://www.biopharmadive.com/news/patent-cliff-pharmaceuticals-topdrugs-monopoly-expiration/715062

13 Global X ETFs. "Investing in Pharma: The Drug Lifecycle." Global X ETFs. Available at: https://globalxetfs.com.br/en/investing-in-pharma-the-drug-lifecycle

14 Bloomberg Law. "AbbVie's Humira Patent Portfolio Not an Antitrust Violation." Bloomberg Law. Available at: https://news.bloomberglaw.com

15 Evelien Moorkens 외 34인. " The Expiry of Humira® Market Exclusivity and the Entry of Adalimumab Biosimilars in Europe: An Overview of Pricing and National Policy Measures " Frontiers in Pharmacology, 11, 2020, 591134. Available at: https://www.frontiersin.org/journals/pharmacology/articles/10.3389/fphar.2020.591134/full

16 Jason B. Gibbons, Micaela Laber, Charles L. Bennett. "Humira: The First $20 Billion Drug." The American Journal of Managed Care, 29(2), 2023, pp. 78-80. Available at: https://www.ajmc.com/view/humira-the-first-20-billion-drug

17 Dutch Competition Authority (ACM). Sector Inquiry into TNF-alpha Inhibitors. 2019.

18 Leonard, E., Wascovich, M., Oskouei, S., et al. "Factors Affecting Health Care Provider Knowledge and Acceptance of Biosimilar Medicines: A Systematic Review." Journal of Managed Care & Specialty Pharmacy, 25(1), 2019, pp. 102-112.

19 Leonard, E., Wascovich, M., Oskouei, S., et al. "Factors Affecting Health Care Provider Knowledge and Acceptance of Biosimilar Medicines: A Systematic Review." Journal of Managed Care & Specialty Pharmacy, 25(1), 2019, pp. 102-112.

20 Cohen, H., Beydoun, D., Chien, D., et al. "Awareness, Knowledge, and Perceptions of Biosimilars Among Specialty Physicians." Advances in Therapy, 33(12), 2017, pp. 2160-2172.

21 Greene, L., Singh, R. M., Carden, M. J., et al. "Strategies for Overcoming Barriers to Adopting Biosimilars and Achieving Goals of the Biologics Price Competition and Innovation Act: A Survey of Managed Care and Specialty Pharmacy Professionals." Journal of Managed Care & Specialty Pharmacy, 25(9), 2019, pp. 904-912.

22 Lyman, G. H., Balaban, E., Diaz, M., et al. "American Society of Clinical Oncology Statement: Biosimilars in Oncology." Journal of Clinical Oncology, 36(12), 2018, pp. 1260-1265.

23 Grabowski, H., et al. "Biosimilar Competition: Lessons from Europe." Nature Reviews Drug Discovery, 13(2), 2014, pp. 99-100.

24 Verywell Health. "Neulasta vs. Neupogen for Chemotherapy Treatment." Verywell Health. Available at: https://www.verywellhealth.com/neulasta-vs-neupogen-for-chemotherapytreatment-430223

25 Fierce Pharma. "Top 10 Biopharma M&A Deals of 2024." Fierce Pharma. Available at: https://www.fiercepharma.com/pharma/top-10-biopharma-ma-deals-2024?utm_medium=email&utm_source=nl&utm_campaign=LS-NL-FiercePharmaManufacturing&oly_enc_id=2358C3873712D0W

26 U.S. Federal Trade Commission (FTC). "FTC Requires Bristol-Myers Squibb Company and Celgene Corporation to Divest Psoriasis Drug Otezla as a Condition." FTC News. Available at: https://www.ftc.gov/news-events/news/press-releases/2019/11/ftc-requires-bristol-myerssquibb-company-celgene-corporation-divest-psoriasis-drug-otezla-condition

27 Celltrion. 감사보고서. https://www.celltrion.com/ko-kr/investment/ir/audit-review-report

28 J.P. Morgan. Biopharma Outlook Q3 2024. Available at: https://www.jpmorgan.com/content/dam/jpmorgan/documents/cb/insights/outlook/jpm-biopharma-deck-q3-2024-final-ada.pdf

29 Centers for Medicare & Medicaid Services (CMS). Factsheet: Medicare Drug Price Negotiation Program. Available at: https://www.cms.gov

30 NVIDIA. (2023). NVIDIA Unveils Large Language Models and Generative AI Services to Advance Life Sciences R&D. NVIDIA Newsroom. Retrieved from https://nvidianews.nvidia.com/news/nvidia-unveils-large-language-models-and-generativeai-services-to-advance-life-sciences-r-d

31 Wikipedia. List of withdrawn drugs. Retrieved, from https://en.wikipedia.org/wiki/List_of_withdrawn_drugs

32 Buchholz, K. (2022, July 22). U.S. drug prices sky high in international comparison [Infographic]. Forbes. Retrieved, from https://www.forbes.com/sites/katharinabuchholz/2022/07/22/us-drug-prices-sky-high-in-international-comparison-infographic

33 U.S. Food and Drug Administration (FDA). (2014, May). Expedited programs for serious conditions - drugs and biologics: Guidance for industry. Retrieved, from https://www.fda.gov/media/86377/download

34 식품의약품안전처. (2022년 12월). 미국, 유럽 바이오 의약품 인허가 절차 안내서. Retrieved, from https://www.mfds.go.kr

35 Williamson J, Lee J, Kim S, et al. Review of the impact of the FDA's Fast Track Designation on biotechnology companies' share prices. Drug Discovery Today. 2023 Nov;28(11):1199-1205.

36 Pink Sheet. Half of US FDA's breakthrough therapy designations have resulted in approval.

Pink Sheet (Citeline). Retrieved from https://citeline.com

37   Friends of Cancer Research. Breakthrough therapies. Friends of Cancer Research. Retrieved from https://friendsofcancerresearch.org/breakthrough-therapies

38   Wikipedia. List of drugs granted breakthrough therapy designation. Wikipedia, The Free Encyclopedia. Retrieved from https://en.wikipedia.org/wiki/List_of_drugs_granted_breakthrough_therapy_designation

39   Pink Sheet. Half of US FDA's breakthrough therapy designations have resulted in approval. Pink Sheet (Citeline). Retrieved from https://citeline.com

40   Re, E. S. (2016). Stock market reaction to FDA breakthrough therapy designation. The Leonard N. Stern School of Business.

41   Williamson, et al. (2024). Unveiling the impacts of FDA breakthrough therapy designation: A dual-perspective examination of economic and developmental outcomes for biotechnology companies. Drug Discovery Today, 29(4)

42   Seoane-Vazquez, E., Rodriguez-Monguio, R., & Powers, J. H. (2024). Analysis of US Food and Drug Administration new drug and biologic approvals, regulatory pathways, and review times, 1980-2022. Scientific Reports, 14, 3325.

43   Pharmaceutical Technology. Switching sales: Investigating the financial impacts of FDA's priority vouchers. Pharmaceutical Technology. Retrieved from https://www.pharmaceutical-technology.com/features/switching-sales-investigating-thefinancial-impacts-of-fdas-priority-vouchers/?cf-view

44   Liu, T., et al. (2024). Clinical benefit and regulatory outcomes of cancer drugs receiving accelerated approval. JAMA. Published online April 7, 2024.

45   IQVIA. (2024). Global trends in R&D 2024: Activity, productivity, and enablers. IQVIA. Retrieved from https://www.iqvia.com/insights/the-iqvia-institute/reports-and-publications/reports/global-trends-in-r-andd-2024-activity-productivity-and-enablers

46   International Council for Harmonisation of Technical Requirements for Pharmaceuticals for Human Use (ICH). (2021). Harmonised guideline-general considerations for clinical studies E8(R1). Adopted on 6 October 2021.

47   U.S. National Library of Medicine. Study record for NCT02008227. ClinicalTrials.gov. Retrieved from https://clinicaltrials.gov/study/NCT02008227?term=NCT02008227&rank=1

48   U.S. Food and Drug Administration. (2017). Prescribing information for Opdivo (nivolumab). U.S. Food and Drug Administration. Retrieved from https://www.accessdata.fda.gov/drugsatfda_docs/label/2017/761034s001lbl.pdf

49   U.S. Food and Drug Administration. TEVIMBRA (tislelizumab) prescribing information. U.S. Food and Drug Administration

50   International Association for the Study of Lung Cancer. World Conference on Lung Cancer. https://wclc.iaslc.org

51   Pharmaceutical Technology. Biotech funding optimism rises. Pharmaceutical Technology. Retrieved from https://www.pharmaceutical-technology.com/analyst-comment/biotech-funding-optimismrises

52   Bristol Myers Squibb. (2018). Bristol-Myers Squibb and Nektar Therapeutics announce global development & commercialization collaboration for Nektar's CD122-biased agonist NKTR-214. Bristol Myers Squibb. Retrieved from https://news.bms.com/news/partnering/2018/Bristol-Myers-Squibb-and-Nektar-Therapeutics-Announce-Global-Development--Commercialization-Collaboration-for-NektarsCD122-biased-Agonist-NKTR-214/default.aspx

53   Bristol Myers Squibb. (2022). Nektar and Bristol Myers Squibb announce update on clinical development program for bempegaldesleukin (BEMPEG) in combination with Opdivo (nivolumab). Bristol Myers Squibb. Retrieved from https://news.bms.com/news/details/2022/Nektar-and-Bristol-Myers-Squibb-AnnounceUpdate-on-Clinical-Development-Program-for-Bempegaldesleukin-BEMPEG-inCombination-with-Opdivo-nivolumab/default.aspx

54   Vertex Pharmaceuticals. Vertex enters agreement to acquire Alpine Immune Sciences. Vertex Pharmaceuticals. Retrieved from https://investors.vrtx.com/news-releases/news-release-details/vertex-enters-agreementacquire-alpine-immune-sciences

55   Vertex Pharmaceuticals. Vertex announces results from Phase 2 study of suzetrigine treatment. Vertex Pharmaceuticals. Retrieved from https://investors.vrtx.com/news-releases/news-release-details/vertex-announces-resultsphase-2-study-suzetrigine-treatment

56   United States Government Accountability Office. (2017). Drug industry: Profits, research and development spending, and merger and acquisition deals. United States Government Accountability Office. Retrieved from https://www.gao.gov/assets/690/688472.pdf

57 Companies Market Cap. Largest pharmaceutical companies by market cap. Companies Market Cap. Retrieved from https://companiesmarketcap.com/pharmaceuticals/largestpharmaceutical-companies-by-market-cap

58 BioSpace. "10 Best-Selling Drugs of 2024 Rake in Billions Amid Exclusivity Threats." BioSpace. Available at: https://www.biospace.com/business/10-best-selling-drugs-of-2024-rake-in-billions-amid-exclusivity-threats

59 JAMA. (2020). Profitability of large pharmaceutical companies compared with other large public companies. JAMA, 323(9), 834-843. Retrieved from https://www.ncbi.nlm.nih.gov/pmc/articles/PMC7094747

60 Drug Discovery Trends. (2023). Top pharma companies by R&D spend in 2023. Drug Discovery Trends. Retrieved from https://www.drugdiscoverytrends.com/top-pharma-companies-2023-rd-spend

61 Verdin, P. (2025). Top product forecasts for 2025. Nature Reviews Drug Discovery, 24, 8.

62 kr.investing.com/

63 Verdin, P. (2025). Top product forecasts for 2025. Nature Reviews Drug Discovery, 24, 8.

64 Celltrion. 감사보고서. https://www.celltrion.com/ko-kr/investment/ir/audit-review-report

65 Samsung Biologics. 공지사항. https://samsungbiologics.com/kr/ir/resource/notice

66 보건복지부. (2024년). 신약 개발 중심의 생태계 조성 위한 혁신형 제약 기업 49개사로 확대. 보건복지부 보도자료.

67 Patsnap. Summary of ADC drug development trends: Revenue to exceed 26 billion US dollars. Patsnap. Retrieved from https://synapse.patsnap.com/blog/summary-of-adc-drug-development-trends-revenue-toexceed-26-billion-us-dollars

68 Markets and Markets. GLP-1 analogues market. Markets and Markets. Retrieved from https://www.marketsandmarkets.com/Market-Reports/glp-1-analogues-market-218746186.html

69 IQVIA. (2024). Global trends in R&D 2024: Activity, productivity, and enablers. IQVIA. Retrieved from https://www.iqvia.com/insights/the-iqvia-institute/reports-and-publications/reports/global-trends-in-r-and-d-2024-activity-productivity-and-enablers

70 국가신약개발재단. 국가신약 개발사업 파이프라인. 국가신약개발재단. Retrieved from http://kddf.org

71 Scholar Rock. Scholar Rock reports apitegromab meets primary endpoint in phase 3. Scholar

Rock. Retrieved from https://investors.scholarrock.com/news-releases/news-release-details/scholar-rock-reportsapitegromab-meets-primary-endpoint-phase-3

72   Biohaven Pharmaceuticals. Biohaven provides update on Taldefgrobep alfa development program. Biohaven Pharmaceuticals. Retrieved from https://ir.biohaven.com/news-releases/news-release-details/biohaven-provides-updatetaldefgrobep-alfa-development-program

73   Midha, A., et al. (2015). EGFR mutation incidence in non-small-cell lung cancer of adenocarcinoma histology: A systematic review and global map by ethnicity (mutMapII). Am J Cancer Res, 5(9), 2892-2911.

74   Hwang, et al. (2022). The impact of R&D/marketing activities on market values of the biopharmaceutical firms in Korea: Event study on COVID-19 remedy manufacturers and diagnosis kit manufacturers. Journal of the Korean Institute of Industrial Engineers, 48(1), 117-128.

75   Centers for Medicare & Medicaid Services. (2024). Biden-Harris administration takes next steps to increase access to sickle cell disease treatments. Centers for Medicare & Medicaid Services. Retrieved from https://www.cms.gov/newsroom/press-releases/biden-harris-administration-takes-nextsteps-increase-access-sickle-cell-disease-treatments

76   J. P. Morgan. (2023). 2023 Annual Biopharma Licensing and Venture Report. J. P. Morgan. Retrieved from https://www.jpmorgan.com/content/dam/jpmorgan/documents/cb/insights/outlook/jpmorgan-dec-2023-biopharma-licensing-and-venture-report.pdf

77   World Health Organization, International Agency for Research on Cancer. Global cancer observatory: All cancers fact sheet. World Health Organization. Retrieved from https://gco.iarc.who.int/media/globocan/factsheets/cancers/39-all-cancers-fact-sheet.pdf

78   Iyer, K. A., et al. (2024). Emerging targets and therapeutics in immuno-oncology: Insights from landscape analysis. Journal of Medicinal Chemistry, 67, 8519-8544.

79   BioSpace. (2023, November 20). Antibody-drug conjugates market size to reach USD 28.61 bn by 2033. https://www.biospace.com/article/antibody-drug-conjugates-market-size-to-reach-usd-28-61-bn-by-2033/

80   Herrera, M., Smith, A. B., & Johnson, C. D. (2024). Bispecific antibodies: Advancing precision oncology. Trends in Cancer, 10(10), 893-919.

81   GBD 2021 Adult BMI Collaborators. (2025). Global, regional, and national prevalence of adult

overweight and obesity, 1990-2021, with forecasts to 2050: A forecasting study for the Global Burden of Disease Study 2021. The Lancet, 405, 813-838.

82 Forbes Finance Council. (2024, August 29). The obesity treatment boom: Is this only the beginning? Forbes. https://www.forbes.com/councils/forbesfinancecouncil/2024/08/29/the-obesity-treatment-boom-is-this-only-the-beginning/

83 Novo Nordisk. Title of press release in sentence case. Novo Nordisk. https://www.novonordisk.com/news-and-media/news-and-ir-materials/news-details.html?id=171971

84 Vijiaratnam, N., Foltynie, T., Brayne, C., & Barker, R. A. (2025). Exenatide once weekly versus placebo as a potential disease-modifying treatment for people with Parkinson's disease in the UK: A phase 3, multicentre, double-blind, parallel-group, randomised, placebo-controlled trial. The Lancet, 405(10479), 627-636.

85 Silverman, E. (2024, Month Day). Late-breaking obesity: GLP-1, Wegovy, Zepbound and the Novo-Lilly pipeline R&D landscape. Fierce Biotech. https://www.fiercebiotech.com/biotech/late-breaking-obesity-glp-1-wegovy-zepbound-novo-lilly-pipeline-rd-landscape

86 Boehringer Ingelheim. Phase 3 studies with survodutide in obesity and overweight. https://www.boehringer-ingelheim.com/human-health/metabolic-diseases/phase-3-studies-survodutide-obesity-and-overweight

87 Viking Therapeutic. Viking Therapeutics reports fourth quarter and year-end 2024 financial results and provides corporate update. https://ir.vikingtherapeutics.com/2025-02-05-Viking-Therapeutics-Reports-Fourth-Quarter-and-Year-End-2024-Financial-Results-and-Provides-Corporate-Update

88 Altimmune, Inc. Altimmune announces third quarter 2024 financial results and provides corporate update. https://ir.altimmune.com/news-releases/news-release-details/altimmune-announces-third-quarter-2024-financial-results-and

89 Veru Inc. Veru announces positive topline data from phase 2b clinical trial evaluating. https://ir.verupharma.com/news-events/press-releases/detail/225/veru-announces-positive-topline-data-from-phase-2b-quality

90 Pfizer advances development of once-daily formulation of oral GLP-1 receptor agonist. https://www.pfizer.com/news/press-release/press-release-detail/pfizer-advancesdevelopment-once-daily-formulation-oral-glp

91 Lawrence, S. AstraZeneca's talks on potential obesity combos insists it's "still playing to win". Fierce Biotech. https://www.fiercebiotech.com/biotech/astrazenecas-talks-potential-obesity-combos-insists-still-playing-win

92 Kansteiner, F. Roche fattens obesity pipeline by paying Zealand $1.65B upfront to co-develop amylin asset. Fierce Biotech. https://www.fiercebiotech.com/biotech/roche-fattens-obesity-pipeline-paying-zealand-165b-upfront-co-develop-amylin-asset

93 Structure Therapeutics Inc. Structure Therapeutics announces first patients dosed in phase 2b clinical trial. https://structuretx.gcs-web.com/news-releases/news-release-details/structure-therapeutics-announces-first-patients-dosed-phase-2b

94 Taylor, N. P. (2024, Month Day). Amgen enters the maritime, launching 2 late-stage obesity trials for mariTide. Fierce Biotech. https://www.fiercebiotech.com/biotech/amgen-entersmaritime-launching-2-late-stage-obesity-trials-maritide

95 Regeneron Pharmaceuticals(2024). ClinicalTrials.gov. https://clinicaltrials.regeneron.com/clinical-trial?c__clinicalTrialId=NCT06299098&c__trialConditions=Obesity

96 Scholar Rock. (2024, June 10). Scholar Rock announces initiation of Phase 2 EMBRAZE trial evaluating apitegromab for obesity-related cardiomyopathy. https://investors.scholarrock.com/news-releases/news-release-details/scholar-rock-announces-initiation-phase-2-embraze-trial/

97 Metsera pipeline. metsera.com/pipeline

98 AbbVie. (2025, March 3). AbbVie and Gubra announce license agreement to develop an amylin analog for the treatment of obesity. https://news.abbvie.com/2025-03-03-AbbVieand-Gubra-Announce-License-Agreement-to-Develop-an-Amylin-Analog-for-the-Treatmentof-Obesity

99 Hanmi Pharmaceutical. Innovative R&D pipeline. https://www.hanmi.co.kr/science/pipeline/innovative-rnd-pipeline.hm

100 ProGen. Research pipeline. https://progen.co.kr/?page_id=1060

101 Money Today. https://www.monews.co.kr/news/articleView.html?idxno=329072

102 Metavia Therapeutics. (2025, Month Day). Metavia reports year-end 2024 financial results and provides corporate update. https://ir.metaviatx.com/news-releases/news-release-details/

metavia-reports-year-end-2024-financial-results-and-provides

103 Novo Holdings. (2024, Month Day). Novo Holdings completes acquisition of Catalent. https://novoholdings.dk/news/novo-holdings-completes-acquisition-of-catalent

104 Eli Lilly and Company. Lilly plans more than double U.S. manufacturing investment by 2020. https://investor.lilly.com/news-releases/news-release-details/lilly-plans-more-double-usmanufacturing-investment-2020

105 Reed, E. (2023, May 24). Lilly to invest $450M in North Carolina manufacturing for incretin drugs. BioPharma Dive. https://www.biopharmadive.com/news/lilly-450-millionmanufacturing-north-carolina-incretin/641057

마인드셋은 어떻게 투자의 무기가 되는가

마크 미너비니 지음 | 장진영 옮김 | 368쪽 | 21,000원

마크 미너비니가 '31살에 주식 거래로 백만장자가 되고, 1997년에 세계 최고의 주식 트레이더로 발돋움할 수 있었던 비결'이 담겨 있다. 마인드를 바꾸고 싶지만 바꾸지 못해 전전긍긍하는 투자자들에게 저자는 이 책을 통해 '어떻게' 해야 하는지에 대한 명확한 방향을 제시한다.

챔피언처럼 생각하고 거래하라

마크 미너비니 지음 | 송미리 옮김 | 김대현 감수 | 348쪽 | 25,000원

철저하게 규칙에 대한 책이라고 할 수 있다. 저자는 '그가 산 주식이 그가 원하는 대로 움직이지 않으면' 어떻게 대응해야 할지 시나리오별 대응법을 마련해 놓고 있다. 이것이 저자가 꾸준히 수익을 올리는 비결이며, 우리가 책에서 배워야 할 규칙이자 기술이다.

초수익 성장주 투자

마크 미너비니 지음 | 김태훈 옮김 | 김대현 감수 | 400쪽 | 25,000원

'투자의 신'이라 불리는 마크 미너비니의 국내 첫 번역본이다. 마크 미너비니가 말하는 성장주는 재무제표 면에서 확실하게 성장하는 종목이다. 초수익은 운으로 만들어지지 않는다. 마크 미너비니가 공유한 투자법을 통해 모두 차세대 애플, 구글, 스타벅스를 찾길 바란다.

심리투자 법칙

알렉산더 엘더 지음 | 신가을 옮김 | 588쪽 | 27,000원

아마존에서 20여 년 넘게 장기 베스트셀러의 자리를 지킨 책으로 21년 만에 개정판으로 출간됐다. 이번 전면 개정판은 주가 분석, 트레이딩 계획 수립, 자신의 트레이딩 역량 평가에 대한 새로운 해법을 제시한다. 또한 최신 차트로 모두 변경했고, 규칙과 기법에 관한 명쾌한 해설 역시 첨부했다.

시장의 마법사들

잭 슈웨거 지음 | 임기홍 옮김 | 600쪽 | 26,000원

세계 최고의 트레이더 17인의 인터뷰집이다. 성공한 트레이더는 시장에서 어떤 방법을 사용하였는지, 어떻게 항상 시장에서 높은 수익을 올릴 수 있었는지, 어떤 매매원칙을 고수하였는지, 초기 매매경험은 어떠했는지, 다른 트레이더들에게 어떤 조언을 해주고 싶었는지를 밝힌다.

새로운 시장의 마법사들

잭 슈웨거 지음 | 오인석 옮김 | 572쪽 | 27,000원

'어떻게 투자에 성공할 것인가?'보다 '어떻게 진정한 투자자가 될 것인가?'에 대한 답을 재미있게 제시한다. 한 치 앞을 내다볼 수 없는 지금의 주식시장 상황이야말로 기본과 원칙으로 돌아가기 위한 최적의 타이밍이다. 그 기본과 원칙으로 돌아가는 해답이 바로 이 책에 있다.

주식에 장기투자하라

제러미 시겔 지음 | 이건 옮김 | 신진오 감수 | 520쪽 | 27,000원

저자는 금융시장이 2008년 금융위기를 겪으면서 어떻게 바뀌었는지, 앞으로 주식투자로 얼마나 수익을 올릴 수 있을지, 장기적으로 경제를 성장시키는 원천은 무엇인지, 환율변동 위험을 헤지해야 하는지 등 투자자들이 투자 과정에서 가장 궁금해하는 질문에 명확한 데이터와 분석으로 답한다.

투자의 미래

제러미 시겔 지음 | 이은주 옮김 | 552쪽 | 22,000원

워런 버핏이 "제러미 시겔의 투자 원칙은 반드시 읽고 배워야 한다!"고 강력 추천한 책이다. 성장 함정의 실체를 파악하고 대응할 수 있는 전략을 제시하며 투자자가 배당금을 효과적으로 활용할 수 있는 방안을 알려 준다.

제약바이오 산업 이해와 투자 대상 기업까지 찾아내는

제약바이오 처음공부

초판 1쇄 발행 2025년 6월 9일

지은이   강수연

펴낸곳   ㈜이레미디어

전 화   031-908-8516(편집부), 031-919-8511(주문 및 관리)
팩 스   0303-0515-8907
주 소   경기도 파주시 문예로 21, 2층
홈페이지 www.iremedia.co.kr
이메일   mango@mangou.co.kr
등 록   제396-2004-35호

편집 김동화, 정서린, 이병철 | **디자인** 유어텍스트 | **마케팅** 김하경
재무총괄 이종미 | **경영지원** 김지선

ISBN 979-11-93394-68-7 (04320)

ISBN 979-11-91328-05-9(세트)

- 가격은 뒤표지에 있습니다.
- 잘못된 책은 구입하신 서점에서 교환해드립니다.
- 이 책은 **투자** 참고용이며, 투자 손실에 대해서는 법적 책임을 지지 않습니다.